California
HMH DIMENSIONES DE LAS CIENCIAS™

Grado 1

Mira cómo cobra vida la portada mientras unes las crías con sus progenitores.
Descarga la aplicación de RA de HMH Dimensiones de las ciencias disponible para dispositivos con Android o iOS.

Este libro para escribir pertenece a

_____

Maestro/Salón

_____

Houghton Mifflin Harcourt™

Autores de consulta

Michael A. DiSpezio
Educador internacional
North Falmouth, Massachusetts

Bernadine Okoro
Consultora de acceso y equidad
Tutora y consultora de S.T.E.M.
Washington, D. C.

Marjorie Frank
Redactora científica y especialista en lectura para disciplinas específicas
Brooklyn, Nueva York

Dr. Cary Sneider
Profesor investigador adjunto
Portland State University
Portland, Oregon

Dr. Michael R. Heithaus
Decano del Colegio de Artes, Ciencias y Educación
Profesor del Departamento de Ciencias Biológicas
Florida International University
Miami, Florida

All images ©Houghton Mifflin Harcourt, Inc., unless otherwise noted

Front cover: ©HMH

Back cover: *chick hatching* ©wisawa222/Shutterstock

Copyright © 2020 by Houghton Mifflin Harcourt Publishing Company

All rights reserved. No part of this work may be reproduced or transmitted in any form or by any means, electronic or mechanical, including photocopying or recording, or by any information storage or retrieval system, without the prior written permission of the copyright owner unless such copying is expressly permitted by federal copyright law. Requests for permission to make copies of any part of the work should be submitted through our Permissions website at https://customercare.hmhco.com/contactus/Permissions.html or mailed to Houghton Mifflin Harcourt Publishing Company, Attn: Intellectual Property Licensing, 9400 Southpark Center Loop, Orlando, Florida 32819-8647.

Printed in the U.S.A.

ISBN 978-1-328-54517-6

1 2 3 4 5 6 7 8 9 0928 27 26 25 24 23 22 21 20 19

4500764863   A B C D E F G

If you have received these materials as examination copies free of charge, Houghton Mifflin Harcourt Publishing Company retains title to the materials and they may not be resold. Resale of examination copies is strictly prohibited.

Possession of this publication in print format does not entitle users to convert this publication, or any portion of it, into electronic format.

Asesores del programa

Dr. Paul D. Asimow
Profesor de geología y geoquímica Eleanor and John R. McMillan
California Institute of Technology
Pasadena, California

Dra. Eileen Cashman
Profesora
Humboldt State University
Arcata, California

Dr. Mark B. Moldwin
Profesor de ciencias espaciales e ingeniería
University of Michigan
Ann Arbor, Michigan

Dra. Kelly Y. Neiles
Profesora adjunta de química
St. Mary's College of Maryland
St. Mary's City, Maryland

Dr. Sten Odenwald
Astrónomo
NASA Goddard Spaceflight Center
Greenbelt, Maryland

Bruce W. Schafer
Director de los programas de colaboración de S.T.E.M. de K-12 (retirado)
Oregon University System
Portland, Oregon

Barry A. Van Deman
Presidente y Director
Museum of Life and Science
Durham, North Carolina

Dra. Kim Withers
Profesora adjunta
Texas A&M University-Corpus Christi
Corpus Christi, Texas

Dr. Adam D. Woods
Profesor
California State University, Fullerton
Fullerton, California

Asesores de desarrollo del inglés

Mercy D. Momary
Local District Northwest
Los Ángeles, California

Michelle Sullivan
Balboa Elementary
San Diego, California

Revisores docentes y asesores de actividades prácticas

Julie Arreola
Sun Valley Magnet School
Sun Valley, California

Pamela Bluestein
Sycamore Canyon School
Newbury Park, California

Andrea Brown
HLPUSD Science and STEAM TOSA
Hacienda Heights, California

Dra. Cynthia Sistek-Chandler
Profesora adjunta
National University, Sanford College of Education
San Diego, California

Leslie C. Antosy-Flores
Star View Elementary
Midway City, California

Stephanie Greene
Directora del Departamento de Ciencias
Sun Valley Magnet School
Sun Valley, California

Kimberly Ann Huesing
Carlsbad Unified
Carlsbad, California

Rana Mujtaba Khan
Will Rogers High School
Van Nuys, California

George Kwong
Schafer Park Elementary
Hayward, California

Imelda Madrid
Bassett St. Elementary School
Lake Balboa, California

Susana Martinez O'Brien
Diócesis de San Diego
San Diego, California

Craig Moss
Mt. Gleason Middle School
Sunland, California

Isabel Souto
Schafer Park Elementary
Hayward, California

Emily R. C. G. Williams
South Pasadena Middle School
South Pasadena, California

Afirmaciones, evidencias y razonamientos ix
Seguridad en las ciencias xi

Unidad 1 • Ingeniería y tecnología 1

Proyecto de la unidad 3

Desarrollo del lenguaje 6

Lección 1 Ingeniería • ¿Cómo usan la tecnología
los ingenieros? 8

Actividad práctica Ingeniería • Resuelve el problema 15

Un paso más: Profesiones de las ciencias y la ingeniería •
Ingeniero de embalajes 17

Lección 2 Ingeniería • ¿Cómo podemos resolver
un problema? 22

Actividad práctica Ingeniería • Protege las patas 31

Un paso más: Personajes de las ciencias y la ingeniería •
Lynn Conway 33

Ejercicio de rendimiento de la unidad 38

Repaso de la unidad 40

Unidad 2 • Sombras y luz 43

Proyecto de la unidad 45

Desarrollo del lenguaje 48

Lección 1 ¿Cómo nos ayuda la luz a ver? 50
  Actividad práctica Haz observaciones con distinta luz 55
  Un paso más: Personajes de las ciencias y la ingeniería •
  Thomas Edison 61

Lección 2 ¿Cómo viaja la luz? 66
  Actividad práctica Pon a prueba lo que ocurre con la luz 75
  Un paso más: Profesiones de las ciencias y la ingeniería •
  Ingeniero de cámaras 77

Lección 3 ¿De qué manera los materiales bloquean la luz? 82
  Actividad práctica Pon a prueba cómo la luz atraviesa los materiales 85
  Un paso más: Personajes de las ciencias y la ingeniería •
  Dra. Patricia Bath 91

Ejercicio de rendimiento de la unidad 96

Repaso de la unidad 98

Unidad 3 • Las partes de las plantas..................101

Proyecto de la unidad 103

Desarrollo del lenguaje 106

Lección 1 Ingeniería • ¿Qué partes de las plantas las hacen vivir? 108

Actividad práctica Ingeniería • Observa las plantas para diseñar algo 119

Un paso más: Personajes de las ciencias y la ingeniería • Isabella Abbott 121

Lección 2 ¿En qué se parecen las plantas a sus progenitores? 126

Actividad práctica Cultiva zanahorias 135

Un paso más: Profesiones de las ciencias y la ingeniería • Científico del suelo 137

Ejercicio de rendimiento de la unidad 142

Repaso de la unidad 144

Unidad 4 • Las partes de los animales 147

Proyecto de la unidad 149

Desarrollo del lenguaje 152

Lección 1 Ingeniería • ¿Qué partes de los animales los hacen vivir? 154

   Actividad práctica Ingeniería • Observa los animales para idear diseños 163

   Un paso más: Profesiones de las ciencias y la ingeniería • Bioingeniero 167

Lección 2 ¿En qué se parecen los animales a sus progenitores? 172

   Actividad práctica Observa las artemias salinas 177

   Un paso más: Personajes de las ciencias y la ingeniería • Robyn Hannigan 185

Lección 3 ¿Cómo cuidan los animales a sus crías? 190

   Actividad práctica Compara cómo aprenden los animales 199

   Un paso más: Personajes de las ciencias y la ingeniería • David Mizejewski 201

Ejercicio de rendimiento de la unidad 206

Repaso de la unidad 208

Unidad 5 • Los sonidos de los animales............ 211

Proyecto de la unidad 213

Desarrollo del lenguaje 216

Lección 1 ¿Qué es el sonido? 218
   Actividad práctica Haz que algo se mueva con el sonido 227
   Un paso más: Personajes de las ciencias y la ingeniería •
   José Hernández-Rebollar 229

Lección 2 Ingeniería • ¿Cómo emiten sonidos los animales? 234
   Actividad práctica Ingeniería • Comunicarse a distancia 243
   Un paso más: Profesiones de las ciencias y la ingeniería •
   Etóloga 245

Ejercicio de rendimiento de la unidad 250

Repaso de la unidad 252

Unidad 6 • Objetos y patrones en el cielo 255

Proyecto de la unidad 257

Desarrollo del lenguaje 260

Lección 1 ¿Cuáles son los patrones de los objetos en el cielo? 262
   Actividad práctica Observa el patrón del sol 267
   Un paso más: Personajes de las ciencias y la ingeniería •
   Kalpana Chawla 275

Lección 2 ¿Cuáles son los patrones de la luz? 280
   Actividad práctica Observa patrones en la puesta del sol 289
   Un paso más: Profesiones de las ciencias y la ingeniería •
   Biólogo circadiano 291

Ejercicio de rendimiento de la unidad 296

Repaso de la unidad 298

Glosario interactivo G1

Índice I10

Afirmaciones, evidencias y razonamientos

Haz una afirmación

Una **afirmación** es un enunciado que crees que es verdadero.

Se puede hacer una afirmación sobre lo que se observa.

Algunos sólidos se hunden.

Se puede hacer una afirmación antes de iniciar una investigación.

El limón y la lima se hundirán.

Se puede hacer una afirmación después de hacer una investigación.

Los limones flotan en el agua y las limas se hunden.

Afirmaciones, evidencias y razonamientos

Usa evidencias y razonamientos

La **evidencia** es información que muestra si tu afirmación es verdadera o no.

Se pueden usar datos como evidencias. Las evidencias pueden surgir de algo que hayas observado o leído.

Mi afirmación fue incorrecta. El limón flotará y la lima se hundirá.

El **razonamiento** indica cómo o por qué las evidencias justifican la afirmación. Puedes explicar por qué tu afirmación es verdadera o no. Puedes explicar cómo lo sabes.

Mis evidencias muestran que el limón flota y la lima se hunde. Esto prueba que mi primera afirmación no es verdadera y que mi segunda afirmación es verdadera.

Seguridad en las ciencias

La clase de ciencias es muy divertida. Pero las prácticas de laboratorio pueden ser peligrosas. Debes conocer las reglas de seguridad y escuchar lo que indica el maestro.

- 🚫 No comas ni bebas nada.
- 🚫 No toques los objetos filosos.
- ✓ Lávate las manos.
- ✓ Usa las gafas protectoras para cuidarte los ojos.
- ✓ Sé ordenado y limpia los derrames.
- ✓ Si algo se rompe, avisa al maestro.
- ✓ Pórtate bien.

Seguridad en las ciencias

Encierra en un círculo las imágenes donde se respetan las reglas de seguridad. Marca con una X las imágenes donde no se respetan las reglas de seguridad.

Unidad 1
Ingeniería y tecnología

Aprende en línea

Resuélvelo • Lanzador de malvaviscos

¿Cómo puedes diseñar un lanzador de malvaviscos? Conéctate y explora cómo hacer un lanzador de malvaviscos.

Unidad 1: Vistazo

Proyecto de la unidad 3

Lección 1
Ingeniería • ¿Cómo usan la tecnología los ingenieros? 8

Lección 2
Ingeniería • ¿Cómo podemos resolver un problema? 22

Ejercicio de rendimiento de la unidad 38

Repaso de la unidad 40

Nombre _____

Proyecto de la unidad
Bolsillos seguros

Hay objetos que pueden caerse de los bolsillos. Eso puede ser un problema. Planea y realiza una investigación. Diseña una solución para evitar que se te caigan cosas del bolsillo de la chaqueta.

Haz una pregunta

Anota la pregunta.

_____

_____

_____

Materiales

Dibuja y rotula los materiales que necesitarás.

Unidad 1 • Ingeniería y tecnología   3

Pasos Escribe los pasos que seguirás.

_____

_____

_____

_____

_____

_____

_____

Datos

Anota los datos.

Analiza los resultados
Busca patrones en los datos.

Vuelve a formular la pregunta
Escribe la pregunta que investigaste.

_____

_____

_____

Afirmaciones, evidencias y razonamientos
Haz una afirmación en la que respondas la pregunta.

_____

_____

_____

Revisa los datos. ¿Qué evidencias de la investigación justifican tu afirmación?

_____

_____

_____

Comenta tu razonamiento con un compañero.

Desarrollo del lenguaje

Mientras trabajas en las lecciones, completa la tabla con definiciones y ejemplos.

Palabra	Significado
ingeniero	Persona que resuelve problemas.
problema	
solución	
tecnología	
proceso de diseño	

Ejemplo	Palabras que sé que son parecidas
alguien que planifica las carreteras	constructor, proyectista

Lección 1 — Ingeniería • ¿Cómo usan la tecnología los ingenieros?

Las personas inventan cosas para resolver problemas.

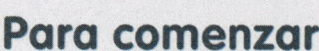 **Para comenzar**

A buscar objetos Observa los objetos de tu salón. ¿Cuáles crees que fueron desarrollados por un ingeniero? Anota tus ideas en el Cuaderno de evidencias.

Comprender el problema

Mía usa auriculares para escuchar música. Los guarda en el bolsillo.

Aprende en línea

¿Puedes explicarlo?

✏️ ¿Cuál es el problema de Mía? ¿Cómo puedes comprender el problema para resolverlo?

_____
_____
_____

¿Qué es un ingeniero?

Aprende en línea

Los ingenieros usan las ciencias y las matemáticas para construir puentes.

Los ingenieros desarrollan carros que no necesitan gasolina.

Los ingenieros construyen juegos mecánicos seguros.

Un **ingeniero** es una persona que usa las matemáticas y las ciencias para resolver problemas. Un **problema** es algo que se debe arreglar o mejorar. Los ingenieros buscan soluciones. Una **solución** es algo que resuelve un problema.

Aprende en línea

Los ingenieros identifican el problema.

Luego se hacen preguntas sobre el problema. Observan y reúnen información.

Los ingenieros pueden resolver un problema. Primero, tienen que entenderlo.

¿Qué hacen los ingenieros? Elige todas las respuestas correctas.

Ⓐ Encuentran y resuelven problemas.

Ⓑ Usan las matemáticas y las ciencias.

Ⓒ Hacen preguntas.

 Aplica lo que sabes

Cuaderno de evidencias • Actúa como ingeniero. Ponte auriculares en el bolsillo. Camina por el salón durante dos minutos. ¿Qué problema ocurre? Trabaja en grupo. Hagan preguntas sobre el problema. Anoten las preguntas. Luego, hagan observaciones y reúnan evidencias.

_____

_____

_____

¿Qué es la tecnología?

Aprende en línea

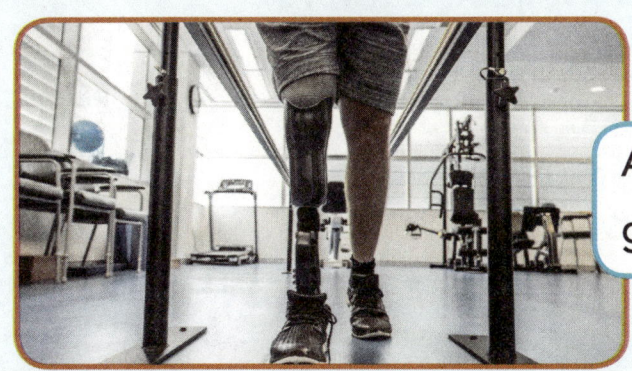

Alguien puede caminar gracias a la tecnología.

La tecnología puede ser simple, como un martillo.

La **tecnología** es lo que producen los ingenieros para satisfacer las necesidades y resolver problemas. La tecnología puede incluso ser una idea que se obtiene de observar la naturaleza. La idea de los aviones vino de observar las aves.

¿Qué objetos son ejemplos de tecnología? Elige todas las respuestas correctas.

Ⓐ una lámpara

Ⓑ un árbol

Ⓒ un lápiz

Práctica matemática • Esta tabla de conteo muestra cómo los niños de una clase usan la tecnología todos los días.

Tecnología	
lápiz	||||
tableta	|||| ||||
teléfono celular	||||	

 ¿Cuántos niños más usan una tableta en lugar de un teléfono celular todos los días?

____3____ niños más

Aplica lo que sabes

Lee, escribe y preséntalo •
Cuaderno de evidencias • Busca tres tipos de tecnología. ¿Cómo sabes que son producto de la tecnología? ¿Qué problemas resuelven? Presenta evidencias para responder las preguntas. Escribe para explicar tus respuestas.

14

Nombre _____

Actividad práctica
Ingeniería • Resuelve el problema

Aprende en línea

Materiales • auriculares • materiales del salón

Haz una pregunta

_____

Pon a prueba y anota los resultados

Paso 1

Explica el problema. Reúne información sobre el problema.

Paso 2

Planea dos soluciones.

concerto p contogia

_____

Lección 1 • Ingeniería • ¿Cómo usan la tecnología los ingenieros?   15

Paso 3

Usa los materiales del salón para construir tus soluciones.

Paso 4

Comparte tus soluciones. Describe cómo la forma de cada solución resolvió el problema.

Haz una afirmación en la que respondas la pregunta.

¿Qué evidencias tienes?

Un paso más
Profesiones de las ciencias y la ingeniería • Ingeniero de embalajes

Aprende más en línea.
- Palatasa Havea
- Línea cronológica del transporte

Aprende en línea

¿Qué hacen los ingenieros de embalajes? Aquí tienes una pista. Ves su trabajo en los estantes de las tiendas todos los días.

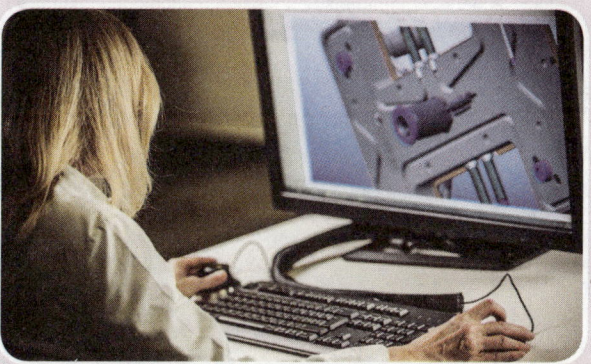

Diseñan paquetes. Eligen los materiales y deciden el modo en que afectarán el medio ambiente.

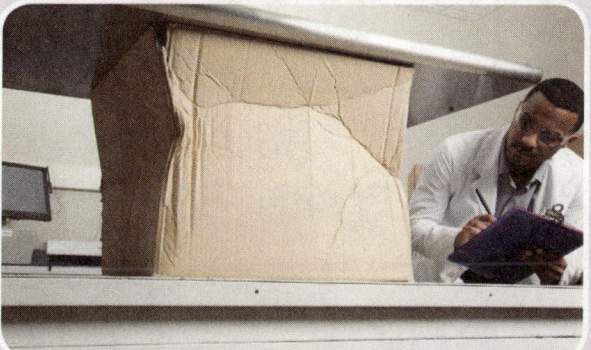

Luego, ponen a prueba sus ideas. ¡Tiran y aplastan los paquetes! Se aseguran de que lo que está adentro esté protegido.

Luego, una fábrica construye los paquetes.

Lección 1 • Ingeniería • ¿Cómo usan la tecnología los ingenieros?

✏️ **Traza una línea para unir cada objeto con la mejor forma de empacarlo.**

18

Revisión de la lección

Nombre _____

Aprende en línea

¿Puedes explicarlo?

✏️ ¿Cuál es el problema de Mía? ¿Cómo puedes comprender el problema para resolverlo?

Asegúrate de
- identificar el problema de Mía.
- describir los pasos necesarios para entender el problema y resolverlo.

_____
_____
_____
_____

Lección 1 • Ingeniería • ¿Cómo usan la tecnología los ingenieros?

Autorrevisión

1. ¿Qué es lo primero que hacen los ingenieros?

   Ⓐ Reúnen información sobre un problema.

   Ⓑ Buscan soluciones a un problema.

   Ⓒ Identifican un problema.

2. ¿Qué objetos son ejemplos de tecnología? Encierra en un círculo todas las respuestas correctas.

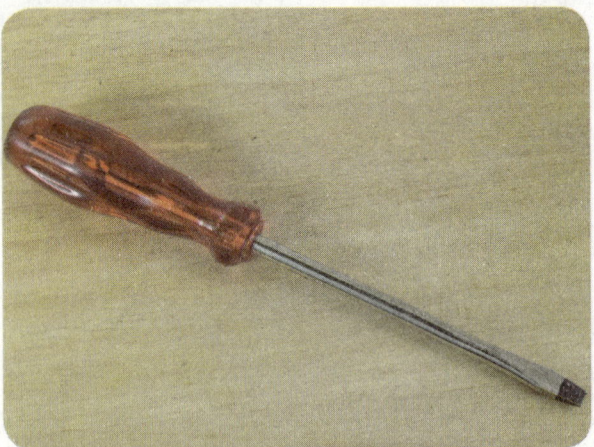

3. ¿Qué problema puede resolver la tecnología?

   Ⓐ Las correas de la mochila de Theo son incómodas.

   Ⓑ María perdió una carta en su casa.

   Ⓒ Héctor no está de acuerdo con su hermana.

4. ¿Qué muestra la imagen?

   Ⓐ un ingeniero

   Ⓑ tecnología

   Ⓒ un problema

5. ¿Qué hacen los ingenieros para entender un problema? Elige todas las respuestas correctas.

   Ⓐ Hacen preguntas.

   Ⓑ Observan cosas.

   Ⓒ Reúnen información.

Lección 2
Ingeniería • ¿Cómo podemos resolver un problema?

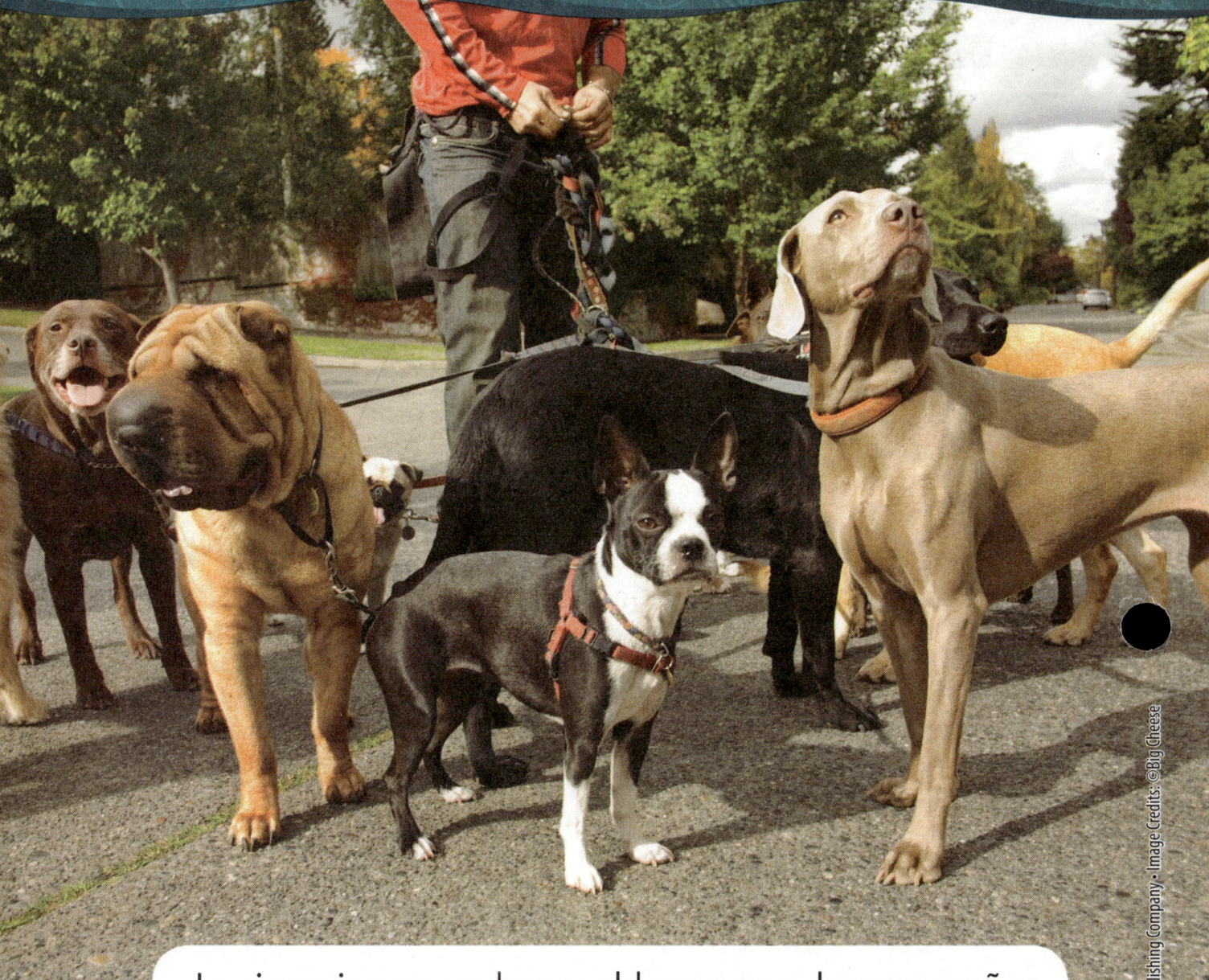

Los ingenieros resuelven problemas grandes y pequeños.

Para comenzar

Materiales para correas Pon a prueba materiales para hacer una correa de perro. Decide qué material sería la mejor opción. Explica por qué elegiste ese material.

El problema de la correa del perro

El perro de Max siempre tira de la correa.

¿Puedes resolverlo?

✏️ ¿Qué pasos seguirías para resolver el problema de un perro que tira de la correa durante el paseo?

poner más co

Paso 1: Definir el problema

Aprende en línea

Proceso de diseño

1. Definir el problema
2. Planear y construir
3. Poner a prueba y mejorar
4. Modificar el diseño
5. Comunicar

¿Cómo podemos resolver problemas? Una manera de resolver problemas es seguir un proceso de diseño. Un **proceso de diseño** es un plan con pasos que permite a los ingenieros encontrar buenas soluciones.

A Lara siempre se le desmigajan las galletas de su perro cuando las guarda en el bolsillo. ¡Se ensucia todo! Eso es un problema. Lara necesita encontrar una manera de proteger las galletas.

Lara define su problema. Reúne información sobre el problema.

Aprende en línea

✏️ ¿Cuál es el Paso 1 de un proceso de diseño?

_____

✋ Aplica lo que sabes

Define un problema de tu salón. Haz observaciones y reúne información sobre el problema. Comenta el problema con tus compañeros. Describe lo que sabes de él.

Lección 2 • Ingeniería • ¿Cómo podemos resolver un problema?

Paso 2: Planear y construir

Aprende en línea

¿Qué hace Lara a continuación? Piensa en dos soluciones para contener y proteger las galletas. Elige los materiales y construye las soluciones.

✏️ Quieres planear una solución. ¿Qué es lo primero que debes hacer?

_____

✋ Aplica lo que sabes

Piensa en el problema que encontraste en el salón. Piensa en dos soluciones. Haz modelos de ellas. Luego, elige los materiales y construye las soluciones. Sigue tus modelos.

Paso 3: Poner a prueba y mejorar

Aprende en línea

Lara pone a prueba sus soluciones. Las dos protegen las galletas, pero la bolsa es difícil de usar y el rollo de toallas de papel no es fácil de manipular. ¿Puede mejorar alguna de sus soluciones?

✏️ ¿Qué haces después de construir tus soluciones?

_____

Aplica lo que sabes

Cuaderno de evidencias • Pon a prueba tus soluciones para resolver el problema del salón. ¿Cuál funciona mejor? Presenta evidencias para explicar tu respuesta. ¿Cómo mejorarías la solución?

Paso 4: Modificar el diseño

Lara decide modificar el diseño de la solución del rollo de toallas de papel. Piensa que un rollo más corto funcionará mejor y lo corta por la mitad. Luego, pone a prueba la solución otra vez. ¡Funciona!

Aprende en línea

✏️ ¿Qué ocurre en el Paso 4 del proceso de diseño?

_____

_____

 Aplica lo que sabes

Cuaderno de evidencias • Ahora modifica el diseño de tu solución al problema del salón. Pon a prueba la solución. ¿Funciona mejor esa nueva solución? Presenta evidencias para explicar cómo lo sabes.

Paso 5: Comunicar

Aprende en línea

Lara dibuja la solución final y le toma una foto a su dibujo. Puedes dibujar, tomar fotos o escribir notas para presentar la solución. ¿Por qué es importante este paso? Otras personas pueden querer usar tu idea. Pueden tratar de mejorarla.

¿Cómo puedes comunicar la solución a un problema? Elige todas las respuestas correctas.

Ⓐ Puedo hacer dibujos.
Ⓑ Puedo tomar fotos.
Ⓒ Puedo escribir notas.

Lección 2 • Ingeniería • ¿Cómo podemos resolver un problema?

Práctica matemática • Brooke construye dos soluciones para evitar que su gato rasguñe una silla. Pone a prueba la Solución 1 tres veces. Pone a prueba la Solución 2 seis veces. Agrega marcas de conteo en la tabla para mostrar cuántas veces Brooke pone a prueba la Solución 2.

Número de veces que se puso a prueba	
Solución 1	|||
Solución 2	

Aplica lo que sabes

Encontraste una solución al problema del salón. Ahora comparte la solución con tus compañeros. Haz un dibujo de la solución. Escribe notas para describir lo que hiciste. Toma fotografías.

Nombre _____

Actividad práctica

Ingeniería • ¡Protege las patas!

Aprende en línea

Materiales • un tenedor • materiales del salón
• una silla pequeña

Haz una pregunta

_____

Pon a prueba y anota los resultados

Paso 1

Define el problema.

_____

_____

Paso 2

Planea dos soluciones.
Elige los materiales
que usarás.

Paso 3

Construye tus soluciones. Sigue tu plan.

Lección 2 • Ingeniería • ¿Cómo podemos resolver un problema?

Paso 4

Pon a prueba tus soluciones. Busca maneras de mejorar tus soluciones.

Paso 5

Piensa en cómo podrías modificar el diseño de tus soluciones. Comparte tus soluciones.

Haz una afirmación en la que respondas la pregunta.

¿Qué evidencias tienes?

Un paso más
Personajes de las ciencias y la ingeniería • Lynn Conway

Aprende más en línea.
- Ingeniero agrónomo
- Resuelve un perro-blema

Aprende en línea

Lynn Conway es ingeniera. Ha descubierto cómo las computadoras pueden funcionar mejor y más rápido. Escribió un libro sobre computadoras. El libro se usa en muchas universidades para enseñar a otros ingenieros. Conway también fue profesora en la Universidad de Michigan.

Lee, escribe y preséntalo

Trabaja con un compañero. Observa imágenes de computadoras. ¿Cómo ha cambiado el modo en que se ven las computadoras? Haz una línea cronológica para mostrar cómo han cambiado.

✏️ Dibuja tu línea cronológica.
Luego, usa conectores como **luego** y **después** para explicar cómo han cambiado las computadoras.
¿A qué crees que se deben esos cambios?

_____

_____

_____

_____

Revisión de la lección

Nombre _____

¿Puedes resolverlo?

✏️ ¿Qué pasos seguirías para resolver el problema de un perro que tira de la correa durante el paseo? Asegúrate de

• nombrar los pasos de un proceso de diseño.

• describir cómo usarías los pasos para resolver el problema.

_____

_____

_____

_____

_____

Lección 2 • Ingeniería • ¿Cómo podemos resolver un problema?

Autorrevisión

1. ¿Cómo entiendes un problema en el Paso 1 de un proceso de diseño? Elige todas las respuestas correctas.

    Ⓐ cuando haces preguntas

    Ⓑ cuando haces observaciones

    Ⓒ cuando reúnes información

2. ¿Qué paso del proceso de diseño se muestra en esta imagen?

    Ⓐ definir el problema

    Ⓑ planear y construir

    Ⓒ comunicar

3. Gabriel usa un proceso de diseño para construir un rascador de espalda. Pone a prueba el rascador de espalda. No es lo suficientemente largo. ¿Qué debe hacer a continuación?

    Ⓐ Debe tirar el rascador de espalda.

    Ⓑ Debe comunicar su solución.

    Ⓒ Debe buscar formas de mejorarlo.

4. Kim construye un bote de arcilla. El bote debe ser resistente para poder llevar algunas monedas. ¿Cómo sabrá Kim si su bote funciona?

Ⓐ Debe poner a prueba el bote para ver si flota.

Ⓑ Debe poner a prueba las monedas para ver si flotan.

Ⓒ Debe poner a prueba el agua para ver si tiene la altura necesaria.

5. Juan construye un estante para sus libros. El estante se cae una y otra vez. Juan busca otros materiales y vuelve a construirlo. ¿Qué problema está resolviendo?

Ⓐ Los libros de Juan no son muy livianos.

Ⓑ El estante de Juan no es muy resistente.

Ⓒ Juan no tiene muchos libros.

Ejercicio de rendimiento de la unidad
Ingeniería • Construye una casa

Materiales
- cartón
- cinta adhesiva
- papel
- tijeras
- palitos planos
- ventilador o secador de pelo
- otros materiales del salón

PASOS

Paso 1

Definir un problema Quieres construir una casa que sea resistente al viento.

Paso 2

Planear y construir Planea al menos dos soluciones. Piensa en los materiales que necesitarás. Construye tus soluciones.

Paso 3

Poner a prueba y mejorar Pon a prueba tus soluciones. ¿Cómo puedes mejorar tus soluciones?

Paso 4

Modificar el diseño Cambia los materiales o la manera de combinarlos. Pon a prueba tus nuevas soluciones.

Paso 5

Comunicar Comparte tus soluciones. Explica qué materiales usaste y por qué los elegiste. Presenta evidencias para explicar cómo tus soluciones resuelven el problema.

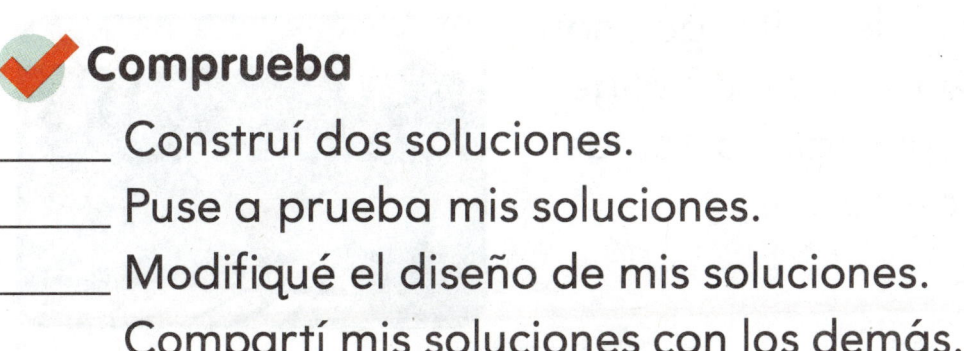

✔ Comprueba

_____ Construí dos soluciones.

_____ Puse a prueba mis soluciones.

_____ Modifiqué el diseño de mis soluciones.

_____ Compartí mis soluciones con los demás.

Repaso de la unidad

Nombre _____

1. ¿Qué hace un ingeniero? Elige todas las respuestas correctas.
   - Ⓐ Usa las matemáticas y las ciencias para resolver problemas.
   - Ⓑ Sigue un proceso de diseño.
   - Ⓒ Produce tecnología nueva.

2. ¿Qué es lo último que hace un ingeniero para resolver un problema?
   - Ⓐ reunir información
   - Ⓑ definir el problema
   - Ⓒ construir una solución

3. ¿Qué objetos de la imagen son ejemplos de tecnología? Elige todas las respuestas correctas.
   - Ⓐ la caña de pescar
   - Ⓑ el muelle
   - Ⓒ el lago

4. Abdul está aprendiendo a montar en bicicleta. ¿Qué tecnología resuelve el problema de las caídas?
   - Ⓐ un casco
   - Ⓑ tenis
   - Ⓒ ruedas de apoyo

5. ¿Qué problema puede resolver Derek con ayuda de la tecnología?

   Ⓐ Derek no puede encontrar una hoja.

   Ⓑ La bicicleta de Derek tiene un neumático desinflado.

   Ⓒ Derek no puede decidir qué quiere comer.

6. ¿Qué tecnología puede servir para resolver cada problema? Traza una línea para unir cada problema con la tecnología que ayuda a resolverlo.

Unidad 1 • Repaso

7. ¿Cuál de las afirmaciones acerca de un problema es **verdadera**?
   Ⓐ Los problemas solo tienen una solución.
   Ⓑ Los problemas pueden tener muchas soluciones.
   Ⓒ Solo los ingenieros pueden resolver problemas.

8. Camila encuentra un problema. Hace preguntas, hace observaciones y reúne datos.
   ¿Qué debe hacer a continuación?
   Ⓐ planear y construir
   Ⓑ poner a prueba y mejorar
   Ⓒ modificar el diseño

9. ¿Qué paso del proceso de diseño se muestra en esta imagen?
   Ⓐ definir el problema
   Ⓑ comunicar
   Ⓒ poner a prueba y mejorar

10. ¿Cómo se puede comunicar una solución? Elige todas las respuestas correctas.
    Ⓐ Se pueden tomar fotos o hacer dibujos.
    Ⓑ Se pueden escribir notas para describir la solución.
    Ⓒ Se pueden hacer preguntas y observaciones.

Unidad 2
Sombras y luz

Aprende en línea

Resuélvelo • Proyector de mensajes

¿Cómo puedes usar la luz para enviar un mensaje? Conéctate y explora cómo hacer un proyector de mensajes.

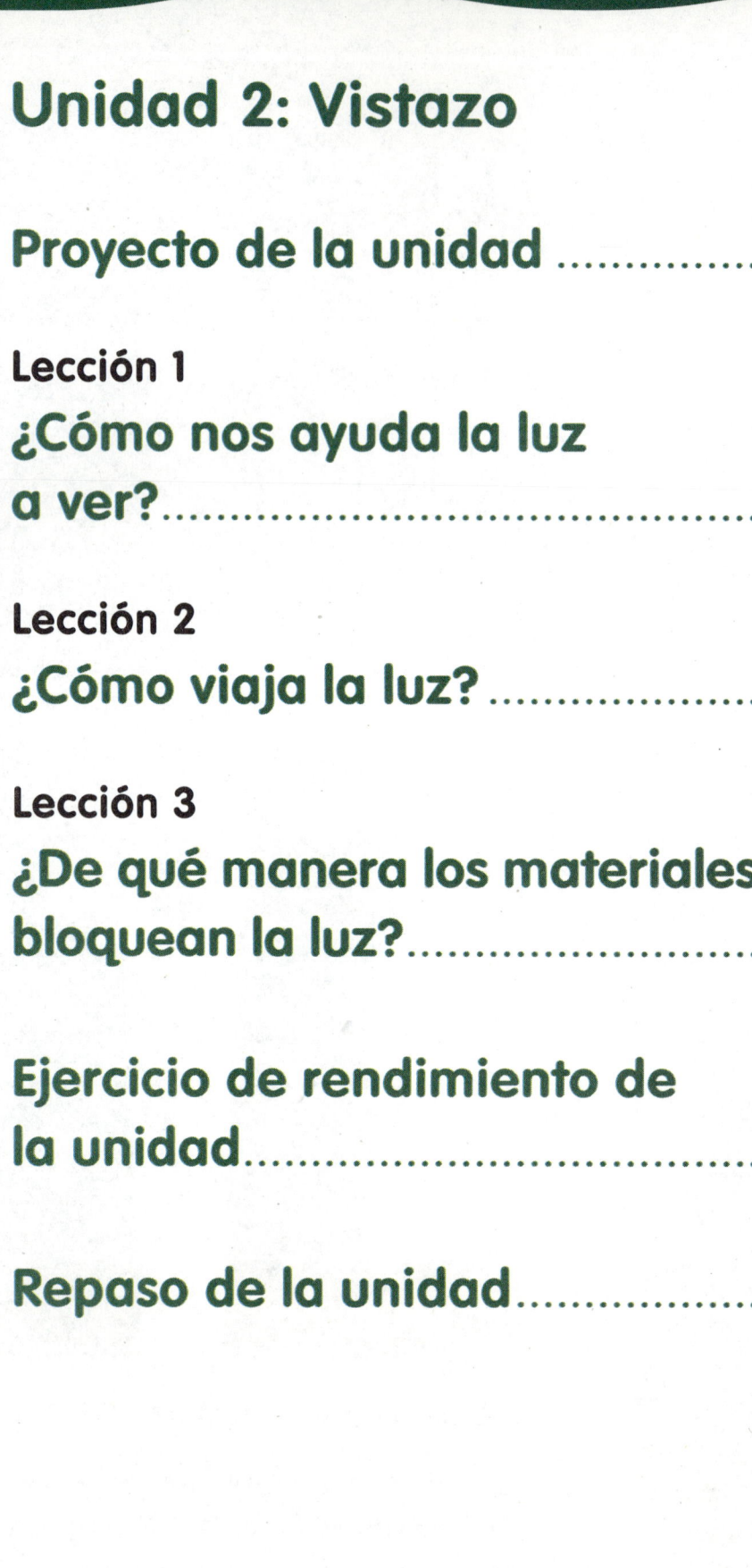

Unidad 2: Vistazo

Proyecto de la unidad 45

Lección 1
¿Cómo nos ayuda la luz a ver? 50

Lección 2
¿Cómo viaja la luz? 66

Lección 3
¿De qué manera los materiales bloquean la luz? 82

Ejercicio de rendimiento de la unidad 96

Repaso de la unidad 98

Nombre _____

Proyecto de la unidad
Haz un arcoíris

Puedes hacer un arcoíris. Planea y realiza una investigación para hacer un arcoíris.

Haz una pregunta
Anota la pregunta.

_____

_____

Materiales
• agua   • vaso de vidrio   • papel blanco   • luz brillante

Dibuja cómo podrías usar estos materiales para hacer un arcoíris.

Unidad 2 • Sombras y luz   45

Pasos Escribe los pasos que seguirás para hacer el arcoíris.

_____
_____
_____
_____
_____
_____
_____

Datos

Anota los datos.

Analiza los resultados
Busca patrones en los datos.

Vuelve a formular la pregunta
Escribe la pregunta que investigaste.

_____

_____

_____

Afirmaciones, evidencias y razonamientos
Haz una afirmación en la que respondas la pregunta.

_____

_____

_____

Revisa los datos. ¿Qué evidencias de la investigación justifican tu afirmación?

_____

_____

_____

Comenta tu razonamiento con un compañero.

Unidad 2 • Sombras y luz

Desarrollo del lenguaje

Mientras trabajas en las lecciones, completa la tabla con definiciones y ejemplos.

Palabra	Significado
luz	Energía que te permite ver
reflejar	
sombra	

Ejemplo	Palabras que sé que son parecidas
vela	brillar

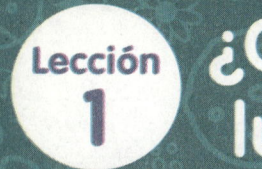

¿Cómo nos ayuda la luz a ver?

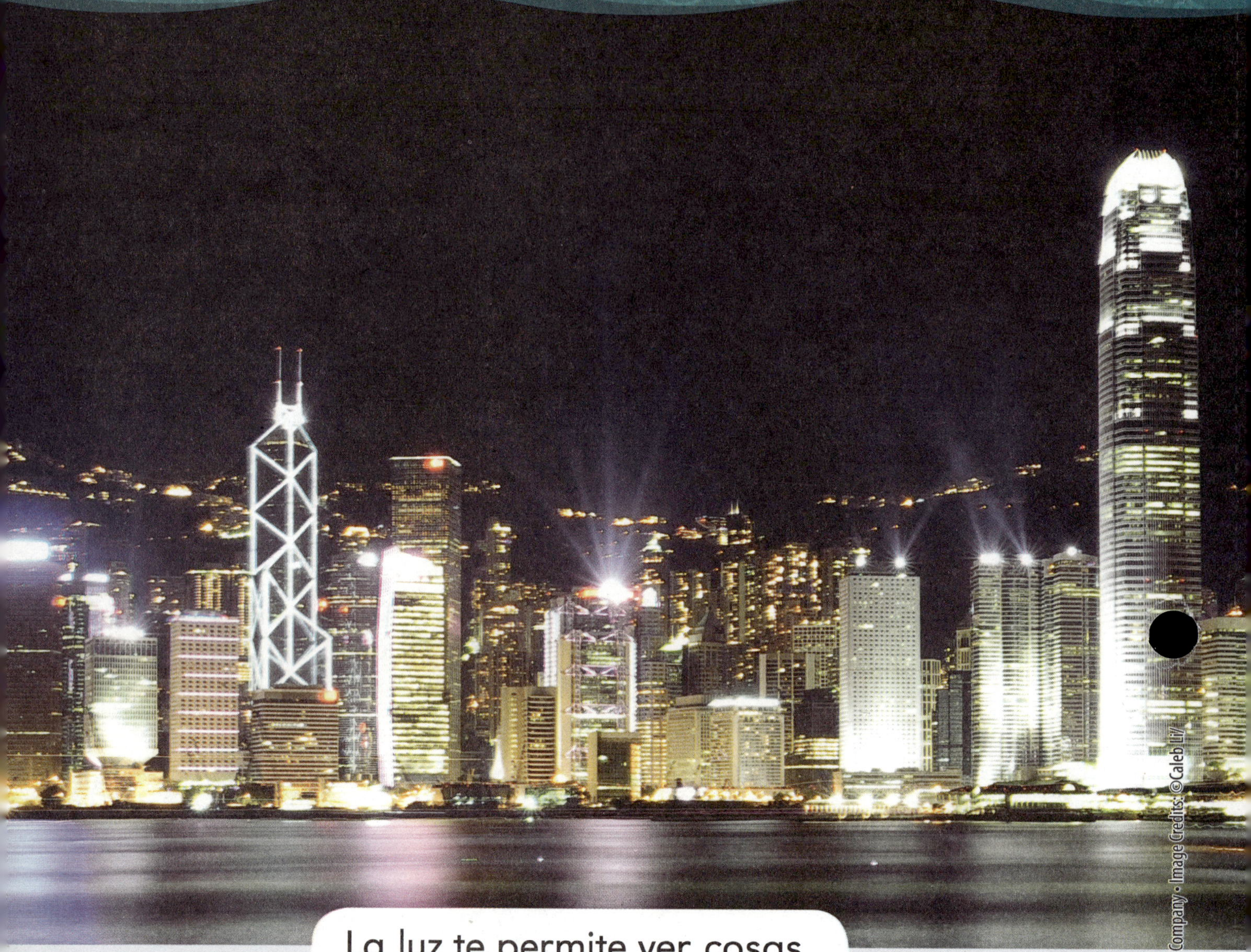

La luz te permite ver cosas.

 **Para comenzar**

Luz, cámara Observa una fotografía que se haya tomado en una habitación con poca luz. Observa una fotografía que se haya tomado en una habitación con mucha luz. Compara lo que ves en cada fotografía.

Luz en la oscuridad

Aprende en línea

Es de noche. El cielo está oscuro. Pero se pueden ver fuegos artificiales en un cielo oscuro.

¿Puedes explicarlo?

✏️ ¿Por qué puedes ver fuegos artificiales en un cielo oscuro?

_____

_____

_____

Lección 1 • ¿Cómo nos ayuda la luz a ver?

Todo sobre la luz

Aprende en línea

La cueva está oscura. La lámpara la alumbra por dentro. Eso les permite a los exploradores de cuevas ver las paredes y los objetos.

Gracias a las luces de un estadio, los jugadores pueden ver.

¿Cómo puedes ver objetos en lugares oscuros? Puedes ver objetos si la luz los alumbra. La luz de las lámparas nos permite ver. La **luz** es energía que te permite ver.

¿Cuándo puedes ver objetos en lugares oscuros?

Ⓐ todo el tiempo

Ⓑ si miras detenidamente

Ⓒ cuando la luz los alumbra

Práctica matemática • Emma ve que se hace de día. Su reloj muestra la hora. ¿A qué hora se hace de día?

Ⓐ 6:00

Ⓑ 12:00

Ⓒ 12:30

Aprende en línea

luz brillante

poca luz

luz baja

La cantidad de luz determina cuánto puedes ver. Puedes ver mucho en una habitación con luz brillante. Ves menos cuando hay poca luz. Ves muy poco con una luz baja.

✋ Aplica lo que sabes

📖 **Lee, escribe y preséntalo** • ¿Cómo puedes ver objetos en una habitación oscura? Piensa la respuesta. Enciende una linterna en un salón oscuro. Haz observaciones. Comenta tus ideas con tus compañeros. Escucha a tus compañeros. Haz y responde preguntas.

Nombre _____

Actividad práctica

Haz observaciones con distinta luz

Aprende en línea

Materiales • papel de dibujo   • un lápiz

Haz una pregunta

_____

Pon a prueba y anota los resultados

Paso 1

Observa tu salón cuando hay mucha luz. ¿Con qué claridad puedes ver los objetos y los detalles? Anota tus observaciones.

_____

_____

Paso 2

Ahora observa el mismo salón con poca luz. ¿Con qué claridad puedes ver los mismos objetos y los detalles? Anota tus observaciones.

_____

Lección 1 • ¿Cómo nos ayuda la luz a ver?

Paso 3

Finalmente, observa el salón con muy poca luz. ¿Qué ha cambiado? Anota tus observaciones.

_____

_____

Paso 4

Comenta tus observaciones. ¿Por qué los objetos se veían de distinto modo?

Haz una afirmación en la que respondas la pregunta.	¿Qué evidencias tienes?

Ver en la oscuridad

Aprende en línea

Una fogata da su propia luz. Puedes verla en la oscuridad.

Una barra luminosa da su propia luz. Puedes verla en la oscuridad.

Puedes ver un objeto en la oscuridad si lo alumbras. También puedes ver un objeto en la oscuridad si este da su propia luz.

✏️ Encierra en un círculo el objeto que podrías ver mejor en una habitación oscura.

No puedes ver mucho dentro de esta cueva oscura. Ninguno de los objetos que hay en su interior da su propia luz.

Un foco ilumina la cueva. Alumbra las rocas y otros objetos. Por eso puedes verlos.

No puedes ver un objeto que no da luz. No puedes ver un objeto que no está alumbrado.

Un excursionista no puede ver una roca en una cueva oscura. ¿Por qué no? Elige todas las respuestas correctas.

Ⓐ La roca es más oscura que la cueva.

Ⓑ No hay luz que alumbre la roca.

Ⓒ La roca no da luz.

Aplica lo que sabes

Cuaderno de evidencias • Trabaja con un grupo pequeño. Pongan el salón a oscuras. Piensen en esta pregunta: ¿Cómo se pueden ver algunos objetos en la oscuridad? Diseñen juntos una prueba simple para responder la pregunta. Hagan observaciones. Presenten evidencias para responder la pregunta.

_____

_____

_____

_____

Un paso más
Personajes de las ciencias y la ingeniería • Thomas Edison

Aprende más en línea.
- Ingeniería láser
- Animales que brillan

Aprende en línea

Thomas Edison inventó muchas cosas importantes. Hizo experimentos incluso cuando era muy joven. Edison tuvo problemas para oír la mayor parte de su vida. Dijo que no poder oír bien lo ayudó a concentrarse en sus experimentos.

Lección 1 • ¿Cómo nos ayuda la luz a ver? 61

Edison también ideó interruptores y cables para que funcionara la luz.

lámpara antigua

Una de las soluciones más importantes que Edison inventó fue el foco. Edison ideó uno de los primeros focos. Los focos funcionan con electricidad. Edison permitió que la electricidad llegara a las casas de las personas.

 Lee, escribe y preséntalo

¿Cómo crees que la electricidad cambió la manera de vivir de las personas? Presenta tus ideas a tus compañeros. Escucha cuando otros compañeros presentan sus ideas.

Revisión de la lección

Nombre _____

Aprende en línea

¿Puedes explicarlo?

✏️ ¿Por qué puedes ver fuegos artificiales en un cielo oscuro?

Asegúrate de

• explicar cuándo puedes ver objetos en la oscuridad.

_____
_____
_____
_____

Lección 1 • ¿Cómo nos ayuda la luz a ver? 63

Autorrevisión

1. ¿Cuándo puedes ver un objeto? Elige todas las respuestas correctas.

    Ⓐ en la oscuridad

    Ⓑ cuando el objeto da luz

    Ⓒ cuando la luz lo alumbra

2. ¿Cómo podrías probar si un objeto da su propia luz?

    Ⓐ Alúmbralo con una lámpara.

    Ⓑ Intenta verlo en la oscuridad.

    Ⓒ Alúmbralo con una linterna.

3. ¿Qué objetos dan su propia luz? Elige todas las respuestas correctas.

    Ⓐ el sol

    Ⓑ barras luminosas

    Ⓒ el fuego

4. Puedes ver algunos objetos en esta sala de estar. Indica por qué.

   Ⓐ Hay muchas lámparas en la sala.

   Ⓑ No hay ninguna lámpara en la sala.

   Ⓒ Hay una lámpara en la sala.

5. Los acampantes ven el fuego. ¿Por qué lo pueden ver?

   Ⓐ Una luz alumbra el fuego.

   Ⓑ El espacio alrededor del fuego está oscuro.

   Ⓒ El fuego da su propia luz.

Lección 2: ¿Cómo viaja la luz?

La luz puede moverse de un lugar a otro.

Para comenzar

La luz rebota ¿Qué le pasa a la luz cuando llega a un objeto? Alumbra distintos objetos. Observa. Anota lo que sucede con la luz en el Cuaderno de evidencias.

Luz en los ojos

Aprende en línea

La luz del sol brilla directo en los ojos de Manu.
La luz en los ojos puede ser un problema.

¿Puedes resolverlo?

✏️ ¿Cómo harías para que la luz no te apunte a los ojos?

_____

_____

_____

Lección 2 • ¿Cómo viaja la luz?

En línea recta

Aprende en línea

La luz viaja a través del agua en el tanque. Lo hace en línea recta.

Los niños juegan a perseguirse con una linterna. La luz viaja en línea recta hasta que llega a un objeto.

La luz viaja en línea recta hasta que llega a un objeto.

La luz llega al vidrio. Toda la luz pasa a través del vidrio.

La luz llega al cartón. El cartón absorbe la luz.

La luz llega al papel aluminio. La luz rebota.

Cuando la luz llega a un objeto, pueden suceder distintas cosas. La luz puede atravesarlo, ser absorbida o rebotar.

Lección 2 • ¿Cómo viaja la luz?

✏️ ¿Qué ocurre con la luz cuando llega a cada objeto? Traza una línea que una cada imagen con el rótulo correcto.

La luz lo atraviesa.

La luz se absorbe.

La luz rebota.

¿Qué demuestra la luz en el tanque de agua sobre la luz?

Ⓐ La luz no viaja.

Ⓑ La luz viaja en línea recta.

Ⓒ La luz nunca llega a un objeto.

Aplica lo que sabes

Cuaderno de evidencias

Trabaja en grupo. Responde la pregunta: ¿Cómo podemos mostrar que la luz viaja en línea recta? Usa tarjetas y una linterna. Da tu opinión sobre cómo usar las tarjetas y la linterna. Escucha las opiniones de tus compañeros. Presenta evidencias para responder la pregunta.

Una nueva dirección

Observa las imágenes para ver cómo estas superficies pueden reflejar la luz.

La luz llega al espejo. Se refleja en el espejo y cambia de dirección.

Las superficies lisas y brillantes reflejan la luz. **Reflejar** significa rebotar desde una superficie.

Cuando el espejo se mueve, la luz también cambia de dirección.

La luz puede cambiar de dirección cuando llega a una superficie lisa y brillante.

 Dibuja una superficie que refleje la luz.

Lección 2 • ¿Cómo viaja la luz?

Práctica matemática • Un rayo de luz viaja 5 pies. Un espejo lo refleja. La luz viaja 6 pies más. Luego rebota en una puerta de metal y viaja 2 pies más. ¿Cuántos pies viajó la luz en total?

Ⓐ 11 pies

Ⓑ 13 pies

Ⓒ 15 pies

 Aplica lo que sabes

Cuaderno de evidencias • ¿Puedes reflejar la luz hacia la dirección que desees? Trabaja con un compañero. Usa una linterna y tres espejos pequeños para hacer que la luz vaya en la dirección que quieras. Luego comenta con tus compañeros. Reúne evidencias. Escribe y dibuja en el Cuaderno de evidencias. Usa la evidencia para explicar si tu prueba funcionó.

Nombre _____

Actividad práctica
Pon a prueba lo que ocurre con la luz

Aprende en línea

Materiales • una linterna • un espejo • papel aluminio • una cuchara de metal • molde de estaño

Haz una pregunta

_____

Pon a prueba y anota los resultados

Paso 1

Planea una forma de probar qué ocurre cuando un rayo de luz llega a superficies lisas y brillantes. Escribe tu plan.

Paso 2

Usa los materiales para hacer la prueba. Anota lo que sucede.

Lección 2 • ¿Cómo viaja la luz?

Paso 3

Explica qué sucedió con el rayo de luz. Identifica relaciones de causa y efecto.

Causa	Efecto

Haz una afirmación en la que respondas la pregunta.

¿Qué evidencias tienes?

Un paso más
Profesiones de las ciencias y la ingeniería • Ingeniero de cámaras

Aprende más en línea.
Arte con luz

Aprende en línea

ingeniero de cámaras

¿Qué es lo que hacen los ingenieros de cámaras? Ayudan a diseñar y construir cámaras para fotos, películas y videos. Hacen cámaras grandes para las películas. Hacen cámaras pequeñas que van dentro de los teléfonos celulares.

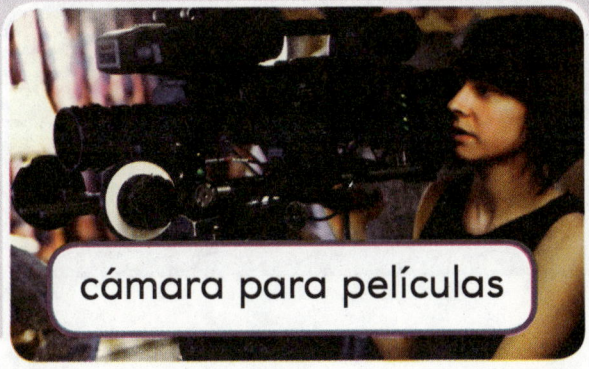

cámara para películas

cámara de teléfono celular

Lección 2 • ¿Cómo viaja la luz?

Lee, escribe y preséntalo

¿Qué te gustaría preguntarle a un ingeniero de cámaras? Escribe al menos dos preguntas. Con un compañero, investiga para buscar las respuestas a tus preguntas. Escriban para explicar lo que descubrieron. Comparte con la clase lo que aprendiste.

Revisión de la lección

Nombre _____

¿Puedes resolverlo?

✏️ ¿Cómo harías para que la luz no te apunte a los ojos?

Asegúrate de

- explicar qué tipo de superficie puede hacer que la luz cambie de dirección.
- describir cómo la superficie hace que la luz cambie de dirección.

_____

_____

_____

_____

Autorrevisión

1. Ted cree que las superficies lisas y brillantes reflejan la luz. ¿Cómo podría usar una linterna para poner a prueba su idea?

    Ⓐ Podría dirigir la luz hacia una puerta de madera.

    Ⓑ Podría encender y apagar la linterna para enviar un mensaje.

    Ⓒ Podría observar qué ocurre cuando la luz brilla sobre un espejo.

2. ¿Qué sucede con la luz cuando llega a cada material? Traza una línea que una cada imagen con las palabras que describen qué sucede.

La luz se absorbe.   La luz se refleja.   La luz la atraviesa.

3. Anna quiere planear una investigación para observar si la luz viaja en línea recta. ¿Qué debe hacer en su investigación?

Ⓐ Debe encender una linterna en una habitación oscura.

Ⓑ Debe observar un trozo de cartón en una habitación con mucha luz.

Ⓒ Debe observar un trozo de papel aluminio en una habitación con poca luz.

4. ¿Qué sucede con la luz cuando llega a un trozo de papel de aluminio liso y brillante?

Ⓐ Se absorbe.

Ⓑ Lo atraviesa.

Ⓒ Se refleja.

5. ¿Qué imagen muestra un ejemplo de luz que absorbe un objeto? Encierra en un círculo la imagen.

Lección 2 • ¿Cómo viaja la luz?

Lección 3 ¿De qué manera los materiales bloquean la luz?

Los materiales bloquean la luz de distintas maneras.

Para comenzar

Caminata de sombras Inspecciona la escuela en un día soleado. Observa las sombras. ¿Qué origina una sombra? ¿Por qué tienen formas diferentes? Anota tus ideas.

Bloquear la luz

Este espectáculo de marionetas se hace en una habitación a oscuras. Aunque está oscuro, puedes ver distintas formas.

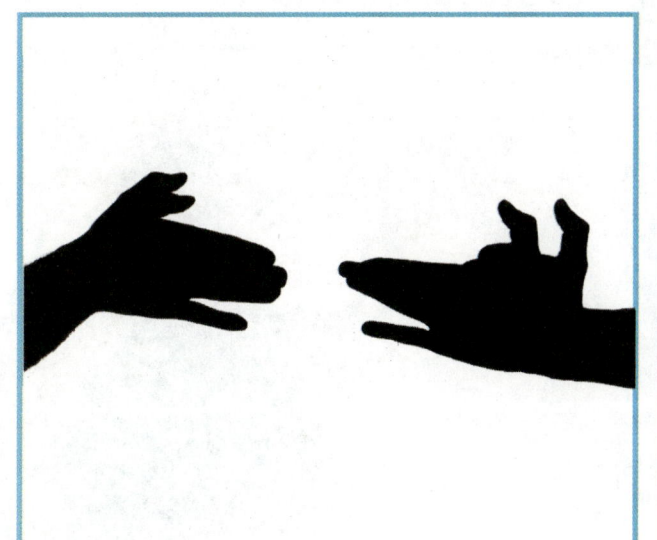

¿Puedes explicarlo?

 ¿Cómo hace las formas el artista?

_____

_____

_____

Lección 3 • ¿De qué manera los materiales bloquean la luz?

¿Cuánta luz?

Aprende en línea

La luz no puede atravesar la madera.

Un poco de luz puede atravesar el papel encerado.

Toda la luz atraviesa el vidrio transparente.

Distintos materiales dejan pasar distintas cantidades de luz.

Nombre _____

Actividad práctica

Pon a prueba cómo la luz atraviesa los materiales

Aprende en línea

Materiales
- una linterna
- plástico transparente
- plástico esmerilado
- contrachapado

Haz una pregunta

_____

Pon a prueba y anota los resultados

Paso 1

Enciende la linterna. Haz que la luz atraviese el plástico transparente. Observa cuánta luz pasa a través del plástico.

Paso 2

Pon a prueba el resto de los materiales. ¿Cuánta luz atraviesa cada material? ¿Cómo lo sabes?

Lección 3 • ¿De qué manera los materiales bloquean la luz?

Paso 3

Explica por qué distintos materiales permiten que distintas cantidades de luz los atraviesen. Identifica relaciones de causa y efecto.

Haz una afirmación en la que respondas la pregunta.   **¿Qué evidencias tienes?**

¿Cuánta luz deja pasar un tazón de vidrio transparente? Encierra en un círculo la respuesta correcta.

toda la luz

poca luz

nada de luz

Aplica lo que sabes

Práctica matemática • Explora el salón. Haz listas de objetos que dejen pasar toda la luz, poca luz o nada de luz. Cuenta y escribe cuántos objetos hay en cada grupo.

Toda la luz	Poca luz	Nada de luz
_____	_____	_____

Sombras

Aprende en línea

La linterna está apagada. Está apuntando al libro.

La linterna está encendida. El libro bloquea el paso de la luz y hace sombra.

Una **sombra** es la parte oscura que se forma cuando un objeto bloquea el paso de la luz. La luz no pasa a través del objeto.

El tamaño de la sombra cambia cuando se mueve la luz que alumbra el objeto.

Lección 3 • ¿De qué manera los materiales bloquean la luz?

¿Cómo cambiará la sombra de un libro si la luz se acerca al libro?

Ⓐ Se hará más pequeña.

Ⓑ Se hará más grande.

Ⓒ Será del mismo tamaño.

✋ Aplica lo que sabes

Cuaderno de evidencias • Trabaja en grupo. ¿De qué manera la forma de un objeto afecta a su sombra? Diseña una prueba con papel y luz para responder la pregunta. Habla sobre tus ideas usando las palabras **luz** y **sombra**. Realiza la prueba. Reúne evidencias. Presenta evidencias para responder la pregunta.

Un paso más
Personajes de las ciencias y la ingeniería • Dra. Patricia Bath

Aprende más en línea.
- Oculista
- Hacer un reloj de sol

Aprende en línea

La Dra. Patricia Bath ha ayudado a personas que perdieron la visión. Diseñó una máquina que usa láseres para solucionar problemas en los ojos. La Dra. Bath ha enseñado sobre la visión a personas de todo el mundo.

Lección 3 • ¿De qué manera los materiales bloquean la luz?

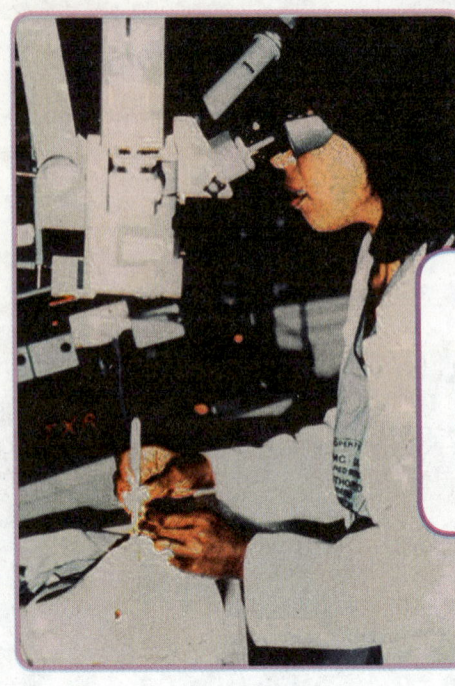

La máquina de la Dra. Bath ha ayudado a muchas personas a volver a ver.

 Lee, escribe y preséntalo

La Dra. Bath enseñó a personas a cuidar su visión. ¿Qué deseas saber sobre cómo cuidar tu visión? Trabaja con un compañero. Haz y responde preguntas.

✏️ Anota tus preguntas.

_____
_____
_____

Revisión de la lección

Nombre _____

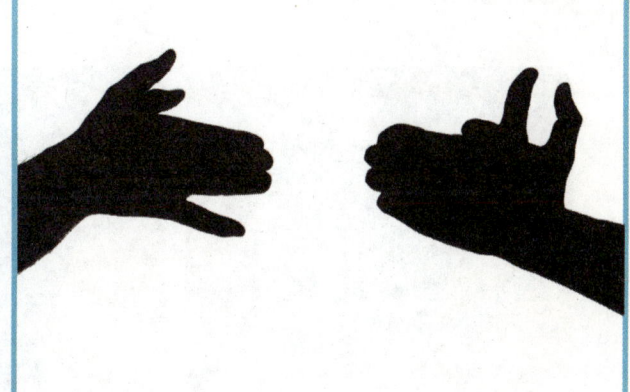

¿Puedes explicarlo?

✏️ ¿Cómo hace las formas el artista? Asegúrate de

- explicar que distintas cantidades de luz pueden atravesar distintos materiales.
- explicar cómo se hacen las sombras.

_____

_____

_____

_____

Autorrevisión

1. ¿Qué recipiente deja que pase la mayor cantidad de luz a través del material? Encierra en un círculo el recipiente correcto.

2. ¿Cuánta luz atraviesa cada objeto?
   Une el objeto con las palabras que lo describan.

| Nada de luz lo atraviesa. | Toda la luz lo atraviesa. | Poca luz lo atraviesa. |

3. Eli piensa que todos los objetos bloquean toda la luz. ¿Cómo puede poner a prueba su idea?

   Ⓐ Puede hacer una sombra sobre una pared.

   Ⓑ Puede acercar la luz a un objeto.

   Ⓒ Puede alumbrar distintos objetos.

4. ¿Dónde está la sombra en esta imagen? Encierrála en un círculo para dar tu respuesta.

5. Deseas planear una investigación para mostrar cómo puede cambiar el tamaño de las sombras. ¿Cómo podrías usar una linterna para hacer una sombra más pequeña de tu mano?

   Ⓐ Sostengo la linterna en el mismo lugar.

   Ⓑ Muevo la linterna más cerca de la mano.

   Ⓒ Muevo la linterna más lejos de la mano.

Lección 3 • ¿De qué manera los materiales bloquean la luz?   95

Ejercicio de rendimiento de la unidad
Observa los reflejos

Materiales
- espejo
- cinta de enmascarar
- papel

PASOS

Paso 1

Sujeta el espejo a la pared. Mírate al espejo. Puedes ver tu reflejo porque la luz rebota en tu cara.

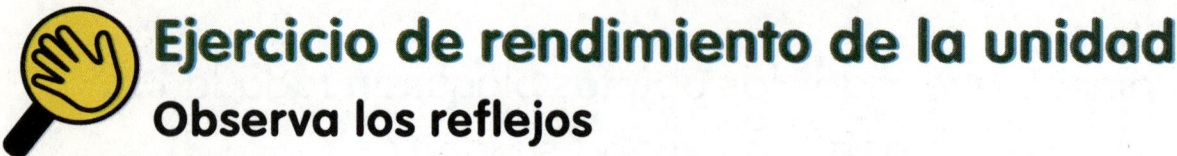

Paso 2

Párate a un costado y mírate al espejo. ¿Qué partes de la habitación ves? Escribe o dibuja lo que observaste.

Paso 3

Trabaja con un compañero para cubrir el espejo con el papel. Piensen en dónde necesitan pararse para verse el uno al otro en el espejo. Señalen el lugar con cinta.

Paso 4

Quiten el papel del espejo. Luego párense sobre la cinta. ¿Ves a tu compañero? Si no, inténtalo de nuevo. Escribe o dibuja tus observaciones.

Paso 5

Compara tus resultados con tus compañeros. Comenten cómo la luz viajó desde tu cara y rebotó en el espejo para que tu compañero pudiera verla.

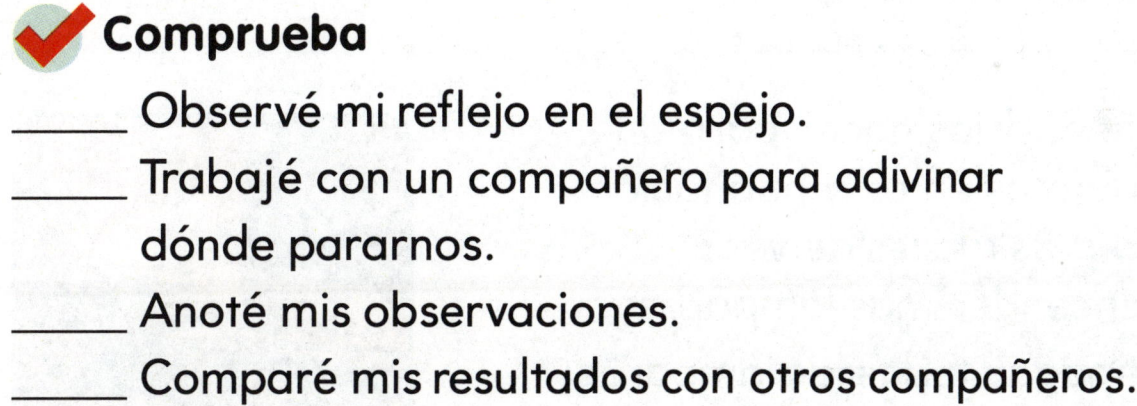 **Comprueba**

_____ Observé mi reflejo en el espejo.

_____ Trabajé con un compañero para adivinar dónde pararnos.

_____ Anoté mis observaciones.

_____ Comparé mis resultados con otros compañeros.

Repaso de la unidad   Nombre _____

1. ¿En qué habitación podrías ver más objetos?
   - Ⓐ en una habitación con mucha luz
   - Ⓑ en una habitación con poca luz
   - Ⓒ en una habitación con luz baja

2. ¿Por qué puedes ver fuegos artificiales en el cielo nocturno?
   - Ⓐ El cielo detrás de los fuegos artificiales es oscuro.
   - Ⓑ Los fuegos artificiales dan su propia luz.
   - Ⓒ La luz apunta a los fuegos artificiales.

3. ¿Qué podrías hacer para que los objetos en esta habitación sean más fáciles de ver?
   - Ⓐ Encender más lámparas
   - Ⓑ Apagar todas las lámparas
   - Ⓒ Poner menos luz

4. ¿Cuánta luz puede pasar a través de cada ventana? Une la ventana con las palabras que la describan.

Nada de luz la atraviesa.   **Toda la luz la atraviesa.**   **Poca luz la atraviesa.**

5. ¿Cuándo se forma una sombra?
   Ⓐ cuando un objeto bloquea el paso de la luz
   Ⓑ cuando un objeto da su propia luz
   Ⓒ cuando la luz brilla sobre un objeto

6. Quieres planear una investigación para mostrar cómo se puede agrandar tu sombra en la pared. Tienes una lámpara encendida. ¿Qué debes hacer?
   Ⓐ acercarme a la lámpara
   Ⓑ alejarme de la lámpara
   Ⓒ saltar en el lugar

Unidad 2 • Sombras y luz

7. ¿Cuáles de estas oraciones sobre la forma en que viaja la luz es verdadera? Elige todas las respuestas correctas.
    Ⓐ La luz puede esquivar objetos.
    Ⓑ La luz viaja en una línea recta hasta que llega a un objeto.
    Ⓒ La luz puede reflejarse en un objeto.

8. ¿Qué objetos podrías usar para reflejar la luz? Elige todas las respuestas correctas.
    Ⓐ un trozo de papel aluminio
    Ⓑ una cuchara de madera
    Ⓒ un espejo

9. Brad pone a prueba lo que sucede cuando pone una cuchara de metal en el camino de un rayo de luz. ¿Qué es más probable que vea Brad?
    Ⓐ La luz atravesará la cuchara.
    Ⓑ La cuchara absorberá la luz.
    Ⓒ La luz se reflejará en la cuchara.

10. ¿Qué efecto tiene iluminar un trozo de cartón?
    Ⓐ El cartón absorbe la luz.
    Ⓑ La luz atraviesa el cartón.
    Ⓒ La luz rebota en el cartón.

Unidad 3
Las partes de las plantas

Aprende en línea

Resuélvelo • Míranos crecer

¿En qué se parecen y en qué se diferencian las plantas jóvenes de las plantas adultas? Conéctate y explora sobre las plantas jóvenes y las plantas adultas.

Unidad 3: Vistazo

Proyecto de la unidad 103

Lección 1
Ingeniería • ¿Qué partes de las plantas las hacen vivir? .. 108

Lección 2
¿En qué se parecen las plantas a sus progenitores? 126

Ejercicio de rendimiento de la unidad 142

Repaso de la unidad 144

Nombre _____

Proyecto de la unidad
Explora las partes de las plantas

Puedes observar las partes de una planta. Planea y realiza una investigación para saber qué puedes aprender al observar las partes de una planta.

Haz una pregunta
Anota la pregunta.

_____
_____
_____

Materiales
Dibuja y rotula los materiales que necesitarás.

Pasos Escribe los pasos que seguirás.

_____

_____

_____

_____

_____

_____

_____

Datos

Anota los datos.

Analiza los resultados
Busca patrones en los datos.

Vuelve a formular la pregunta
Escribe la pregunta que investigaste.

_____

_____

_____

Afirmaciones, evidencias y razonamientos
Haz una afirmación en la que respondas la pregunta.

_____

_____

_____

Revisa los datos. ¿Qué evidencias de la investigación justifican tu afirmación?

_____

_____

_____

Comenta tu razonamiento con un compañero.

 # Desarrollo del lenguaje

Mientras trabajas en las lecciones, completa la tabla con definiciones y ejemplos.

Palabra	Significado
imitar	Copiar.
descendientes	
progenitor	

Ejemplo	Palabras que sé que son parecidas
Se observaron las espinas para hacer cercas.	copiar

Lección 1 • ¿Qué partes de las plantas las hacen vivir?

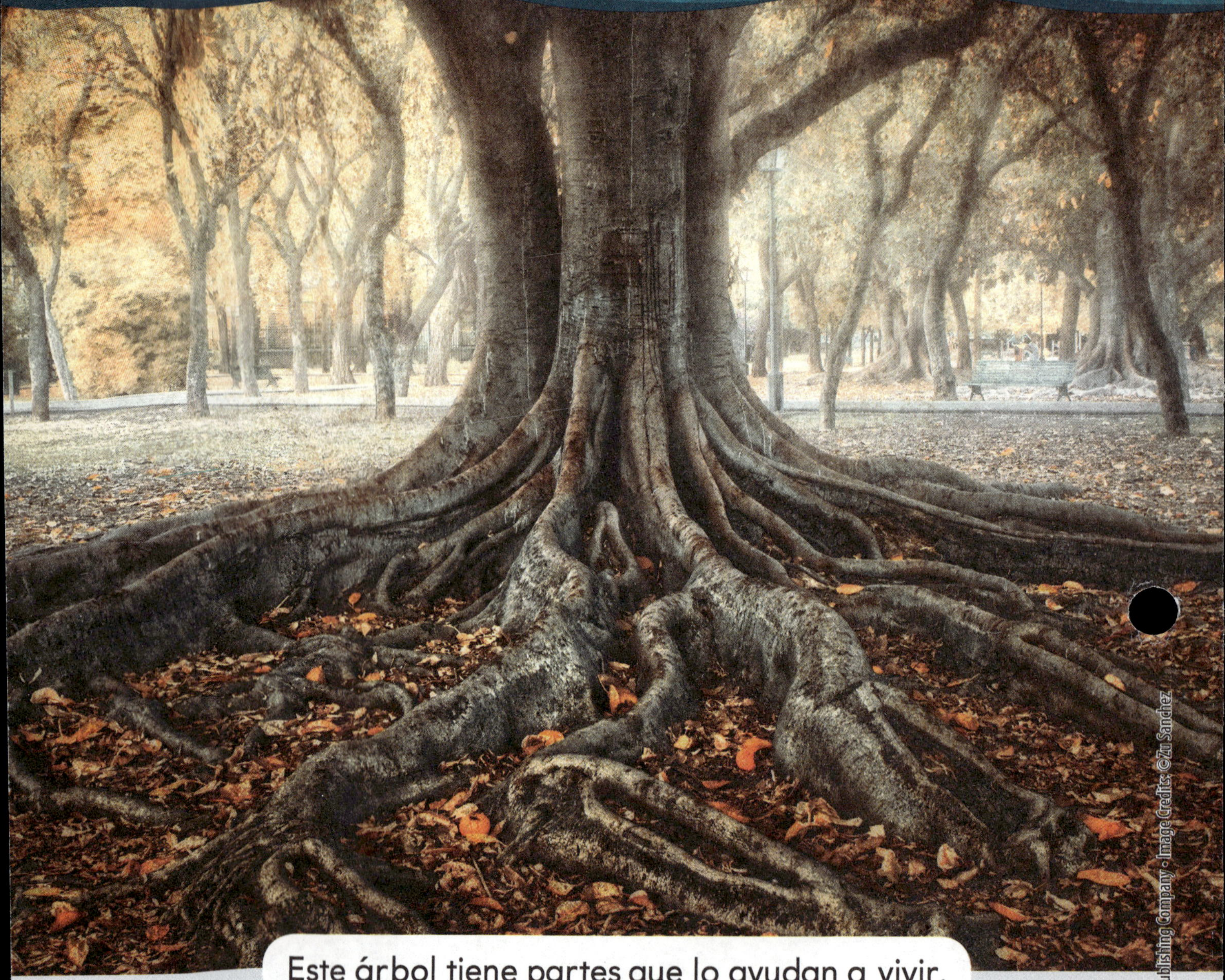

Este árbol tiene partes que lo ayudan a vivir.

Para comenzar

Observa una planta Observa una planta que hayan quitado de su maceta. ¿Qué partes ves? Anota tus observaciones en el Cuaderno de evidencias.

De la semilla al diseño

Aprende en línea

¿Has visto alguna vez la semilla de un arce?
La semilla tiene alas.

¿Puedes resolverlo?

✏️ ¿Cómo se obtuvieron ideas al observar las semillas de arce?

La semill de arce cuando cae da vue

Las partes de una planta

Aprende en línea

● Las semillas se forman en las flores. Las semillas se convierten en plantas nuevas.

● Las hojas toman luz solar. Las plantas necesitan luz solar para vivir y crecer.

● Un fruto contiene semillas. Los frutos crecen después de que las flores producen semillas.

● El agua fluye por el tallo hacia otras partes de la planta.

● Las raíces toman agua del suelo y sostienen a la planta en la tierra.

✏️ Encierra en un círculo donde se producen las semillas.

✏️ Marca con una X la parte que sostiene a la planta.

Las partes de una planta la hacen vivir. Las partes trabajan en conjunto como un sistema.

110

¿Por qué la forma de cada parte de la planta la hace vivir?

Aprende en línea

Las raíces tienen tubos por dentro. El agua pasa del suelo a los tubos. Los tallos también tienen tubos por dentro.

Las hojas tienen superficies verdes y planas que absorben la luz solar.

Los frutos están diseñados para contener las semillas en su interior. Protegen las semillas.

Aplica lo que sabes

Cuaderno de evidencias • Trabaja en grupo. Cubran la hoja de una planta con papel oscuro. ¿Qué crees que le pasará a la hoja después de dos semanas? Presenta evidencias para explicarlo. Anota la explicación en el Cuaderno de evidencias.

La luz y las hojas

Aprende en línea

Estas hojas son muy gruesas. La luz no puede atravesarlas. Su sombra es muy oscura.

Estas hojas son delgadas. Pasa mucha luz a través de ellas. Su sombra es tenue.

Estas hojas bloquean un poco de luz, pero la mayor parte las atraviesa. Su sombra es tenue.

Las distintas hojas dejan pasar distintas cantidades de luz.

Práctica matemática • Observa las hojas. Cuenta cuántas hojas no dejan pasar la luz, cuántas dejan pasar un poco de luz y cuántas, mucha luz. Representa los datos en la gráfica.

¿Cuánta luz?

Cantidad de hojas

10
8
6
4
2
0

nada de luz   un poco de luz   mucha luz

Cantidad de luz

Aplica lo que sabes

Cuaderno de evidencias • Busca una planta en el exterior. Observa cuándo está cubierta por sombra y cuándo no. Observa la planta a la misma hora durante algunos días. ¿Observas un patrón? Presenta evidencias para describir el patrón.

Observar la naturaleza

Aprende en línea

Observa las imágenes para saber cómo se pueden obtener ideas al observar plantas.

Las hojas toman luz solar para producir alimento. Los paneles solares toman luz solar y la convierten en electricidad.

Aprende en línea

Al observar espinas se obtuvo la idea para construir alambre de púas.

Al observar las plantas se nos pueden ocurrir ideas. Podemos **imitar**, o copiar, lo que observamos en la naturaleza para diseñar cosas que resuelvan problemas.

Lección 1 • Ingeniería • ¿Qué partes de las plantas las hacen vivir?

¿Qué planta se copió para diseñar el edificio?

Aplica lo que sabes

Lee, escribe y preséntalo • Trabaja con un compañero. Miren imágenes de plantas. Nombren soluciones que se parezcan a esas plantas. ¿Qué tipos de palabras usa tu compañero para describir las soluciones? Repite las palabras o escríbelas.

Observar las plantas

Este cactus tiene pliegues en el tallo. Los pliegues dan sombra a la planta. La sombra mantiene al cactus fresco bajo el sol caliente.

Las hojas de este árbol pueden inclinarse. De esta forma, el sol no impacta en ellas de forma directa. Eso mantiene al árbol fresco.

Cuando hace calor, este cactus se entierra en el suelo fresco del desierto.

Algunas plantas tienen maneras de mantenerse frescas cuando hace calor.

Lección 1 • Ingeniería • ¿Qué partes de las plantas las hacen vivir?

Aplica lo que sabes

Trabaja en un grupo pequeño. Observen una planta. Describan su forma y lo que hace cada parte. Observen la planta para idear una nueva solución.

✏️ Dibuja y rotula la solución.
Escribe cómo la solución resuelve un problema.

_____

_____

_____

_____

Nombre _____

Actividad práctica

Ingeniería • Observa las plantas para diseñar algo

Aprende en línea

Materiales • materiales para hacer manualidades

Haz una pregunta

_____

Pon a prueba y anota los resultados

Paso  1

Explica el problema. Reúne información sobre el problema.

[   ]

Paso 2

Piensa en las partes de las plantas. Planea la solución.

Lección 1 • Ingeniería • ¿Qué partes de las plantas las hacen vivir?

119

Paso 3

Construye la solución.

Paso 4

Comparte la solución. Explica de qué manera observar las partes de una planta te dio una idea para construir la solución.

Haz una afirmación en la que respondas la pregunta.   **¿Qué evidencias tienes?**

Un paso más
Personajes de las ciencias y la ingeniería • Isabella Abbott

Aprende más en línea.
- Redactor científico
- Plantas que comemos

Aprende en línea

arrecife de coral en Hawái

Isabella Abbott era una botánica de Hawái. Los botánicos son científicos que estudian las plantas. Abbott se interesó por las plantas del océano durante toda su vida. Descubrió muchas clases nuevas de plantas oceánicas. Y también ayudó a proteger los arrecifes de coral de Hawái.

Actúa como botánico

Trabaja con un compañero. Busca dos clases de plantas diferentes de tu área. Haz observaciones sobre las plantas. ¿Qué diferencias tienen las plantas? ¿Qué semejanzas tienen las plantas?

algas marinas y peces

 Lee, escribe y preséntalo

Anota tus observaciones. Resume tus ideas. Usa oraciones completas.

_____

_____

_____

Revisión de la lección

Nombre _____

¿Puedes resolverlo?

✏️ ¿Cómo se obtuvieron ideas al observar las semillas de arce?

Asegúrate de
- explicar de qué manera observar la naturaleza nos ayuda a resolver problemas.

_____
_____
_____
_____
_____

Autorrevisión

1. ¿En qué se parecen las raíces y los tallos del sistema de una planta?

    Ⓐ Producen alimento para la planta.

    Ⓑ Llevan agua hacia otras partes de la planta.

    Ⓒ Ayudan a la planta a producir plantas nuevas.

2. ¿Cuánta luz puede pasar a través de cada hoja? Traza una línea para unir cada hoja con las palabras que indican la cantidad de luz.

| mucha luz | poca luz | nada de luz |

3. Tari quiere diseñar un modo de quitar la sal del agua marina. ¿Qué planta le conviene estudiar para obtener ideas?

    Ⓐ un árbol que vive en agua salada

    Ⓑ una flor que vive en un jardín

    Ⓒ un cactus que vive en el desierto

4. ¿Qué planta se observó para obtener la idea de cada solución? Traza líneas para unir las imágenes.

5. Observa las semillas que tiene el perro y el cierre de velcro. ¿En qué se parecen?

Ⓐ Se pegan a las cosas.
Ⓑ Toman luz solar.
Ⓒ Ambos se encuentran en la naturaleza.

Lección 2: ¿En qué se parecen las plantas a sus progenitores?

En este campo hay plantas de la misma clase.

Para comenzar

Características de los crayones Observa algunos crayones. Busca en qué se parecen los crayones. Comenta las semejanzas.

Plantas de la misma clase

Aprende en línea

¿En qué se parecen las plantas jóvenes a sus progenitores?
¿En qué se diferencian de sus progenitores?

plantas jóvenes

planta progenitora

¿Puedes explicarlo?

✏️ ¿Cómo se puede saber si dos plantas son de la misma clase?

_____

_____

_____

Jóvenes y viejos

Aprende en línea

árboles jóvenes

árboles progenitores

Los cerezos jóvenes no tienen flores todavía, pero les crecerán.

Un **progenitor** es una planta o un animal que tiene hijos que se le parecen. Los progenitores de una planta producen plantas jóvenes. Las plantas jóvenes pueden verse distintas de sus progenitores, pero al crecer se parecerán a ellos. Los **descendientes** son los hijos de una planta o un animal.

✏️ Encierra en un círculo las partes de los árboles progenitores que son distintas de las partes de los árboles jóvenes.

árbol joven   árbol progenitor

Aplica lo que sabes

Cuaderno de evidencias • Dibuja imágenes que demuestren que una planta joven podría verse distinta de su progenitor. Presenta evidencias para explicar cómo lo sabes. Luego, busca patrones en las imágenes.

Lección 2 • ¿En qué se parecen las plantas a sus progenitores?

Comparar las partes

Aprende en línea

¿En qué se parecen y en qué se diferencian las plantas jóvenes de los progenitores? Observa las imágenes con atención.

planta joven

planta progenitora

La mayoría de las plantas jóvenes tienen partes que se ven como las partes de sus progenitores. Las hojas pueden tener la misma forma, pero las plantas jóvenes pueden tener menos hojas u hojas más pequeñas.

✏️ Esta hoja es de un árbol progenitor. Encierra en un círculo la imagen que muestra a su descendiente.

✋ Aplica lo que sabes

📖 **Lee, escribe y preséntalo** • Trabaja en un grupo pequeño. Elijan una planta adulta. Investiguen cómo se ve la planta cuando es joven. Usen los encabezados para buscar la información que necesiten. Hagan un dibujo para comparar la planta joven con la planta adulta.

Lección 2 • ¿En qué se parecen las plantas a sus progenitores?

Comparar las plantas adultas

Aprende en línea

¿En qué se parecen y en qué se diferencian las plantas adultas de una misma clase?

La altura de estos tulipanes es distinta.

Las flores de estos tulipanes son de distintos colores.

Las hojas de estos tulipanes tienen la misma forma, pero no son del mismo tamaño.

✏️ Esta planta es un lirio. Encierra en un círculo la imagen que también muestra un lirio.

✋ Aplica lo que sabes

Cuaderno de evidencias • Trabaja en grupo. Clasifiquen imágenes de plantas. ¿Cuáles son de la misma clase? Usen los patrones que encuentren como ayuda. Presenten evidencias para explicar cómo las han clasificado. Anota la respuesta en el Cuaderno de evidencias.

Práctica matemática • Trabaja en grupo. Busquen tres plantas. Usen cubos interconectables para hallar la altura de cada planta. Luego, comparen la altura de las plantas. Ordénenlas de la más baja a la más alta.

✏️ Haz un dibujo en el que muestres cómo las ordenaron. Escribe lo que hicieron.

_____

_____

_____

Nombre _____

Actividad práctica
Cultiva zanahorias

`Aprende en línea`

Materiales
• dos puntas de zanahorias • un tazón pequeño con agua

Haz una pregunta

_____

Pon a prueba y anota los resultados

Paso 1

Coloca el tazón de zanahorias en un lugar soleado.

Paso 2

Observa las zanahorias todos los días durante diez días. Anota tus observaciones.

Lección 2 • ¿En qué se parecen las plantas a sus progenitores?

135

Paso 3

Compara las zanahorias. Busca patrones en sus partes y en su tamaño.

Paso 4

Explica en qué se parecen y en qué se diferencian las plantas de una misma clase. Usa los patrones que has encontrado como evidencias.

_____

_____

Haz una afirmación en la que respondas la pregunta.

¿Qué evidencias tienes?

Un paso más
Profesiones de las ciencias y la ingeniería • Científico del suelo

Aprende más en línea.
- Gregor Mendel
- Cómo crece una calabaza

Aprende en línea

Los científicos del suelo usan evidencias para saber si el suelo es bueno para los cultivos. Ayudan a los agricultores a decidir cómo mejorar el suelo para cultivar plantas.

Un científico del suelo hace excavaciones para ver las capas que hay debajo. Las capas muestran cómo el suelo absorbe agua.

Lección 2 • ¿En qué se parecen las plantas a sus progenitores?

Un científico evalúa el suelo.

📖 **Lee, escribe y preséntalo • Cuaderno de evidencias** • Trabaja con un compañero para responder la pregunta: ¿Cómo ayudan los científicos del suelo a los agricultores? Presenta evidencias para explicar tu respuesta. Usa palabras como **antes**, **después** y **arriba** para agregar detalles a la respuesta.

✏️ Escribe la respuesta.

_____
_____
_____
_____

Revisión de la lección

Nombre _____

plantas jóvenes

Aprende en línea

planta progenitora

¿Puedes explicarlo?

✏️ ¿Cómo se puede saber si dos plantas son de la misma clase? Asegúrate de

- explicar en qué se parecen y en qué se diferencian las plantas de una misma clase.
- explicar cómo puedes observar patrones para saber si dos plantas son de la misma clase.

_____
_____
_____
_____

Autorrevisión

1. ¿Cómo se ven la mayoría de las plantas jóvenes y sus progenitores?

    Ⓐ exactamente iguales

    Ⓑ similares

    Ⓒ muy diferentes

2. Observa esta planta joven y su progenitor. ¿Qué patrón observas? Elige todas las respuestas correctas.

    Ⓐ Sus hojas tienen la misma forma.

    Ⓑ Sus hojas son moradas y verdes.

    Ⓒ La planta joven tiene más hojas que su progenitor.

planta joven

planta progenitora

3. Carla ve una planta joven en un parque. Quiere encontrar una planta adulta que sea de la misma clase. ¿Qué debe buscar Carla?

    Ⓐ una planta del mismo tamaño

    Ⓑ una planta con la misma cantidad de hojas

    Ⓒ una planta con hojas parecidas a las hojas de la planta joven

4. ¿Cuál es el progenitor de cada planta joven? Traza una línea que una el descendiente con su progenitor.

5. ¿Qué enunciados son verdaderos?
Elige todas las respuestas correctas.

Ⓐ Todos los tulipanes son rojos.

Ⓑ Los tulipanes pueden ser de distintos colores.

Ⓒ Algunos tulipanes son más altos que otros.

Ejercicio de rendimiento de la unidad
Ingeniería • Diseña una casa

Materiales:
- libros sobre plantas acuáticas
- un recipiente con agua
- materiales para hacer manualidades

PASOS

Paso 1

Definir un problema Quieres diseñar una casa que se pueda construir cerca del agua o sobre ella.

Paso 2

Planear y construir Observa las plantas que crecen sobre el agua o cerca de ella. Toma ideas de la observación de las plantas para planear al menos dos soluciones. Construye tus soluciones.

Paso 3

Poner a prueba y mejorar Pon a prueba tus soluciones. ¿Cómo puedes mejorar tus soluciones?

Paso 4

Modificar el diseño
Cambia los materiales o la manera de combinarlos. Pon a prueba tus nuevas soluciones.

Paso 5

Comunicar Comparte tus soluciones. Compara las soluciones con las de otros compañeros. Presenta evidencias para explicar cómo tus soluciones resuelven el problema.

✔ Comprueba

_____ Tomé ideas de la observación de las plantas para planear y construir soluciones.

_____ Puse a prueba mis soluciones.

_____ Modifiqué el diseño de mis soluciones.

_____ Compartí mis soluciones con los demás.

Repaso de la unidad

Nombre _____

1. Observa las partes de una planta. ¿Cómo ayudan a la planta? Une las partes con las palabras.

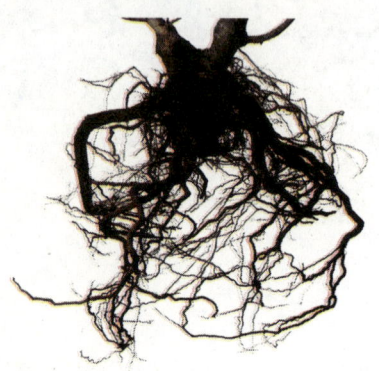

| Produce alimento para la planta. | Absorbe agua del suelo. | Lleva agua. |

2. ¿En qué se pueden diferenciar las plantas de una misma clase? Elige todas las respuestas correctas.
   Ⓐ Las flores pueden ser de distintos colores.
   Ⓑ Pueden tener distintas cantidades de hojas.
   Ⓒ Pueden dar distintas clases de frutos.

3. Zak encontró una planta en su jardín. Quiere encontrar una planta joven de la misma clase. ¿Qué debe buscar?
   Ⓐ una planta más pequeña con hojas más grandes
   Ⓑ una planta más pequeña con hojas que tengan la misma forma
   Ⓒ una planta del mismo tamaño

4. ¿Qué planta se usó como modelo para cada objeto? Une el objeto con la planta.

 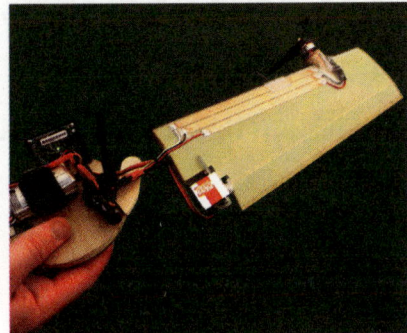 

5. Alonso quiere diseñar una caja resistente al agua que flote. ¿Qué planta le conviene estudiar para obtener ideas?
   Ⓐ una planta con semillas que lleva el viento
   Ⓑ una planta con semillas que lleva el agua
   Ⓒ una planta con semillas que se pegan al pelaje de los animales

6. ¿Qué oraciones describen cómo las partes de la planta ayudan a la planta? Elige todas las respuestas correctas.
   Ⓐ Las partes trabajan en conjunto como un sistema.
   Ⓑ El agua fluye por el tallo hacia otras partes de la planta.
   Ⓒ Los pétalos de las flores pueden tener distintos colores.

7. Observa las hojas de la planta. ¿Qué enunciado sobre cuánta luz puede pasar a través de las hojas es verdadero?
   Ⓐ La mayor parte de la luz atraviesa las hojas.
   Ⓑ Poca luz atraviesa las hojas.
   Ⓒ La luz no atraviesa las hojas.

8. ¿Qué patrones observas para saber si una planta adulta y una planta joven son de la misma clase? Elige todas las respuestas correctas.
   Ⓐ los patrones en la forma de la hoja
   Ⓑ los patrones en la forma de la flor
   Ⓒ los patrones en la forma del tallo

9. Observa estas hojas. ¿Qué afirmaciones describen las hojas? Elige todas las respuestas correctas.
   Ⓐ La luz no atraviesa las hojas.
   Ⓑ Las hojas dejan pasar mucha luz.
   Ⓒ La sombra de las hojas será muy oscura.

10. ¿Cómo puede ayudar la forma de las hojas a absorber la luz solar?
    Ⓐ Las hojas tienen tubos por dentro.
    Ⓑ Las hojas tienen superficies anchas y planas.
    Ⓒ Las hojas son puntiagudas.

Unidad 4
Las partes de los animales

Aprende en línea

Resuélvelo • Construir un casco protector

¿Cómo puedes observar las partes de los animales para idear un casco? Conéctate para construir un casco.

Unidad 4: Vistazo

Proyecto de la unidad 149

Lección 1
Ingeniería • ¿Qué partes de los animales los hacen vivir? 154

Lección 2
¿En qué se parecen los animales a sus progenitores? 172

Lección 3
¿Cómo cuidan los animales a sus crías? 190

Ejercicio de rendimiento de la unidad 206

Repaso de la unidad 208

Nombre _____

Proyecto de la unidad
Compara la conducta de los animales

Piensa en un animal que pueda vivir en la naturaleza y que también pueda vivir entre personas. Compara cómo ese animal cuida a sus crías en la naturaleza y cuando vive entre personas.

Haz una pregunta
Anota la pregunta.

_____

_____

_____

Materiales
Dibuja y rotula los materiales que necesitarás.

Unidad 4 • Las partes de los animales

149

Pasos Escribe los pasos que seguirás.

_____
_____
_____
_____
_____
_____

Datos

Anota los datos.

| animal que vive en la naturaleza | animal que vive entre personas |

Analiza los resultados
Busca patrones en los datos.

Vuelve a formular la pregunta
Escribe la pregunta que investigaste.

_____

_____

_____

Afirmaciones, evidencias y razonamientos
Haz una afirmación en la que respondas la pregunta.

_____

_____

_____

Revisa los datos. ¿Qué evidencias de la actividad justifican tu afirmación?

_____

_____

_____

Comenta tu razonamiento con un compañero.

Desarrollo del lenguaje

Mientras trabajas en las lecciones, completa la tabla con definiciones y ejemplos.

Palabra	Significado
branquias	Partes del cuerpo que toman el oxígeno del agua.
pulmones	
conducta	

Ejemplo	Palabras que sé que son parecidas
las branquias de un pez	La parte que usa un pez para tomar oxígeno.

Lección 1 · Ingeniería • ¿Qué partes de los animales los hacen vivir?

Los animales tienen partes del cuerpo que les permiten obtener alimentos.

 **Para comenzar**

Animales a nuestro alrededor Observa a los animales que viven en tu área. Dibuja imágenes de los animales. Rotula las partes que hacen vivir a los animales.

Mantenerse a salvo

Aprende en línea

¿Alguna vez has visto un erizo?
Un erizo tiene púas en todo el cuerpo.

¿Puedes resolverlo?

✏️ ¿Qué ideas para proteger algo se te ocurren al observar un erizo? Planea una solución.

_____

_____

_____

Lección 1 • Ingeniería • ¿Qué partes de los animales los hacen vivir?

Los animales usan los sentidos

Aprende en línea

El perrito de la pradera usa los ojos y el hocico para percibir las cosas que están a su alrededor. Alertará a otros si observa u olfatea que hay peligro.

El gran tiburón blanco tiene ojos que ven muy bien. Usa los oídos para sentir los movimientos que se producen en el agua.

El ratón no ve bien de noche. Usa el hocico para olfatear los alimentos. Usa los bigotes para sentir en la oscuridad.

Los topos no ven bien. ¿Qué partes del cuerpo crees que usan para percibir las cosas y buscar alimento? Elige todas las respuestas correctas.

Ⓐ el hocico

Ⓑ los ojos

Ⓒ los bigotes

 Aplica lo que sabes

Cuaderno de evidencias • Trabaja en grupo. Conversen sobre cómo usan los ojos, los oídos, la nariz y las manos para percibir los elementos que los rodean. Presenten evidencias para explicar cómo lo saben. Comuniquen sus ideas.

Huir del peligro

Aprende en línea

Un canguro salta con las patas traseras para mantenerse a salvo. Usa la cola para mantener el equilibro.

Una ardilla trepa para mantenerse a salvo. Tiene garras filosas que la ayudan a trepar.

Un delfín nada rápido para mantenerse a salvo. Usa la cola y las aletas para nadar.

Una mariposa tiene alas para volar. Por eso, es difícil atraparla.

Los animales usan partes del cuerpo para huir del peligro y mantenerse a salvo. Gracias a la forma de esas partes, pueden moverse.

✏️ Traza una línea que una el animal con la forma en que se mueve para mantenerse a salvo.

trepa   nada   vuela

✋ Aplica lo que sabes

📖 **Lee, escribe y preséntalo • Cuaderno de evidencias** • Trabaja con un compañero. Investiguen cómo se mueven los animales para mantenerse a salvo. Describan cómo se mueven los animales. Usen palabras como **corre**, **trepa**, **nada** o **vuela**. Presenta evidencias para explicar cómo sabes de qué manera se mueven los animales.

Lección 1 • Ingeniería • ¿Qué partes de los animales los hacen vivir?

Enfrentar el peligro

Aprende en línea

Una tortuga marina tiene un caparazón duro que protege su cuerpo.

Un puercoespín tiene púas filosas en el cuerpo que lo protegen.

Un águila tiene garras filosas que le permiten protegerse.

✏️ Traza una línea por debajo del nombre de la parte del cuerpo que protege a cada animal.

Algunos animales tienen partes del cuerpo que los protegen.

✋ Aplica lo que sabes

Cuaderno de evidencias • Diseña una caja para proteger cosas. Usa ideas que se te ocurran al observar animales. Agrega partes a tu caja. Usa evidencias para explicar cómo las partes y la forma de la caja protegen el contenido.

Partes del cuerpo para alimentarse

Aprende en línea

El oso tiene garras afiladas para atrapar peces. Tiene dientes afilados para desgarrar el alimento.

La rana tiene una lengua pegajosa para atrapar insectos. Con ella se los lleva a la boca para comerlos.

Los animales usan partes del cuerpo para atrapar y comer los alimentos.

Aplica lo que sabes

Práctica matemática • Trabaja con la clase. Aprende sobre los dientes humanos. Investiga cuántos dientes planos y afilados tienen las personas. Haz una tabla de conteo. Haz y responde preguntas sobre los datos.

Observar animales

Aprende en línea

Los ingenieros observaron las escamas del tiburón. Así se les ocurrió una idea para inventar una tela de traje de baño.

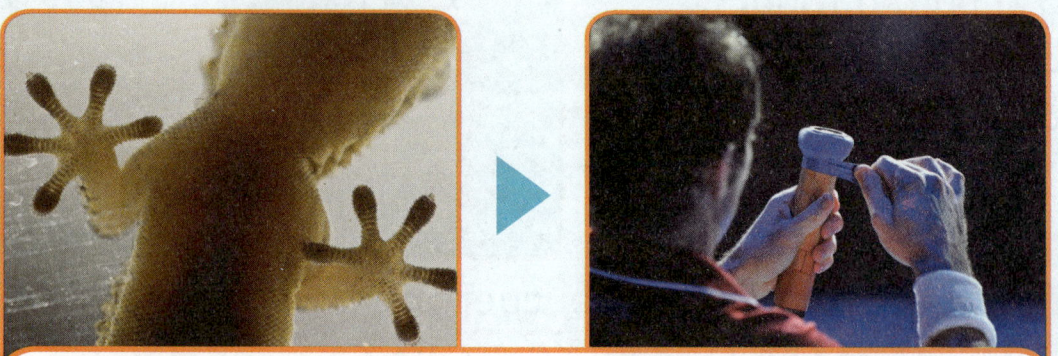

Los ingenieros observaron las patas del geco. Así se les ocurrió una idea para inventar una cinta adhesiva antideslizante.

Aplica lo que sabes

Práctica matemática • Diseña un avión de papel. Observa imágenes de aves para obtener ideas. Mide lo lejos que vuela.

Nombre _____

Actividad práctica

Ingeniería • Observa los animales para idear diseños

Aprende en línea

Materiales
- libros sobre animales
- materiales para hacer manualidades

Haz una pregunta

_____

Pon a prueba y anota los resultados

Paso 1

Busca en libros sobre animales. Observa cómo los animales usan las partes de su cuerpo para recoger alimentos.

Paso 2

Planea y construye dos soluciones para recoger alimentos.

Lección 1 • Ingeniería • ¿Qué partes de los animales los hacen vivir?

Paso 3

Pon a prueba tu herramienta. Compárala con las herramientas de tus compañeros. ¿Por qué observar a los animales te dio una idea para resolver el problema?

Haz una afirmación en la que respondas la pregunta.

_____

_____

_____

_____

¿Qué evidencias tienes?

_____

_____

_____

Partes del cuerpo para respirar y beber agua

Aprende en línea

El pez tiene branquias. Las **branquias** son partes del cuerpo que toman el oxígeno del agua. Muchos animales que habitan en el agua tienen branquias.

La cebra tiene pulmones. Los **pulmones** son partes del cuerpo que captan el oxígeno del aire. La mayoría de los animales terrestres tienen pulmones.

Los animales necesitan tomar oxígeno. Usan distintas partes del cuerpo que los ayudan a tomar oxígeno.

Aprende en línea

El elefante usa la trompa para tomar agua. Luego, se lleva el agua a la boca.

El pez vive en el agua. Su cuerpo también necesita agua. El pez toma agua a través de la piel y las branquias.

Los animales necesitan agua para vivir. Usan distintas partes del cuerpo para beber agua.

Aplica lo que sabes

 Lee, escribe y preséntalo • Busca información en los libros con un compañero. Busca un animal que tenga pulmones y uno que tenga branquias. Presenta evidencias para explicar cómo lo sabes. Comunica tus ideas a tu compañero.

Un paso más
Profesiones de las ciencias y la ingeniería • Bioingeniero

Aprende más en línea.
- Miguel Mora
- Animales: Nuevas partes del cuerpo

Aprende en línea

La bioingeniería es un tipo de ingeniería. Los bioingenieros diseñan cosas para ayudar a las personas. También buscan formas de ayudar al medio ambiente.

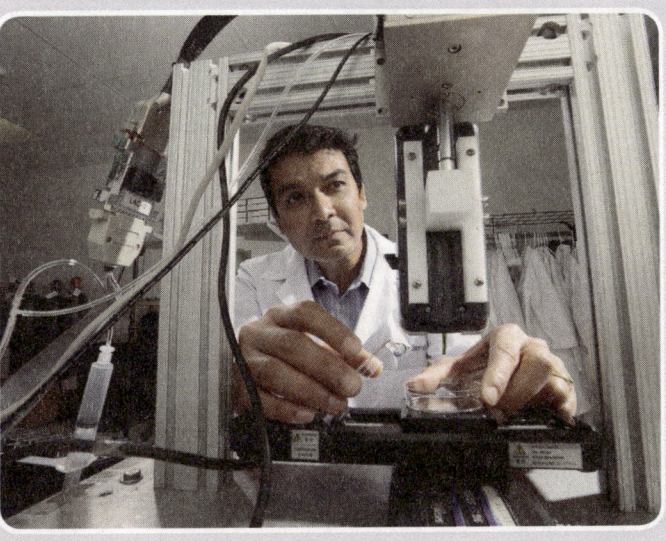

Los bioingenieros pueden trabajar en laboratorios. Desarrollan medicamentos nuevos para ayudar a las personas que están enfermas.

Los bioingenieros buscan nuevas formas de limpiar el aire y el agua. También ayudan a los agricultores a cultivar alimentos de maneras más seguras.

¿Qué hace un bioingeniero? Elige todas las respuestas correctas.

Ⓐ Ayuda a limpiar el aire y el agua.
Ⓑ Estudia las piedras.
Ⓒ Desarrolla medicamentos nuevos.

Revisión de la lección

Nombre _____

Aprende en línea

¿Puedes resolverlo?

🖍️ ¿Qué ideas para proteger algo se te ocurren al observar un erizo? Planea una solución.

Asegúrate de

- explicar cómo una parte del cuerpo del erizo lo protege.
- describir cómo se te ocurrió la idea para la solución al observar al erizo.

_____

_____

_____

_____

Lección 1 • Ingeniería • ¿Qué partes de los animales los hacen vivir?

Autorrevisión

1. ¿Cómo ayuda a la ardilla la forma que tienen sus garras?

    Ⓐ Las garras son filosas para poder trepar.

    Ⓑ Las garras son planas para mantener el equilibrio.

    Ⓒ Las garras son lisas para poder nadar.

2. ¿Qué parte del cuerpo protege a la tortuga marina de otros animales?

    Ⓐ las patas

    Ⓑ el caparazón

    Ⓒ el pelaje

3. ¿Qué animales usarías como modelos para diseñar una solución que te ayude a nadar más rápido? Encierra a los animales en un círculo.

4. ¿Qué animal se usó como modelo para inventar cada objeto? Une el objeto con el animal.

5. ¿Qué material usarías para que actúe como la grasa que tienen muchos animales bajo la piel? Elige la respuesta correcta.

Ⓐ hule
Ⓑ madera
Ⓒ plástico

Lección 2: ¿En qué se parecen los animales a sus progenitores?

La cría de koala se parece a su progenitor.

Para comenzar

Familias de animales Observa imágenes de animales adultos y sus crías. Explica en qué se parecen los adultos a sus crías. Explica en qué se diferencian de sus crías. Presenta evidencias.

Animales relacionados

Aprende en línea

Observa al cisne adulto y a su cría.
¿Qué puedes decir sobre las aves?

¿Puedes explicarlo?

✏️ Ves la cría de un animal. Quieres encontrar un animal adulto que sea de la misma clase. ¿Qué debes buscar?

_____

_____

_____

Lección 2 • ¿En qué se parecen los animales a sus progenitores?

Los animales crecen

Aprende en línea

recién nacido

3 semanas de vida

3 meses de vida

1 año de vida

Los animales adultos tienen crías que se les parecen. Las crías son más pequeñas que sus progenitores, pero al crecer se parecerán a ellos. Observa los cambios del oso panda hasta que se convierte en adulto.

¿Qué tienen en común un oso panda de tres meses de vida con un oso panda adulto? Elige todas las respuestas correctas.

Ⓐ Tienen el mismo tamaño.

Ⓑ Tienen el mismo color de pelaje.

Ⓒ Tienen la misma forma.

adulto

Aplica lo que sabes

Cuaderno de evidencias • Dibuja imágenes que muestren a un animal cuando es joven y cuando es adulto. Conversa con un compañero acerca de tu animal. ¿Cómo crece y cambia? Presenta evidencias para explicar cómo lo sabes. Busca patrones en las imágenes.

Comparar las partes

Aprende en línea

El elefante progenitor tiene orejas grandes y una trompa larga. La cría también tiene orejas grandes y una trompa larga.

La cría de rinoceronte se parece mucho a su progenitor, pero no tiene cuerno. Le crecerá uno, como a su progenitor.

Piensa en las crías de los animales. ¿Cómo se puede saber qué clase de animales son? Una forma es observar las partes del cuerpo. La mayoría de las crías de los animales tienen partes que se parecen a las de sus progenitores.

Nombre _____

Actividad práctica
Observa las artemias salinas

Aprende en línea

Materiales
- recipiente con agua
- huevos de artemias salinas
- lupa

Haz una pregunta

_____

Pon a prueba y anota los resultados

Paso 1

Agrega los huevos de artemias salinas al agua.

Paso 2

Observa las artemias salinas cada dos días durante dos semanas. Anota tus observaciones.

Lección 2 • ¿En qué se parecen los animales a sus progenitores? 177

Paso 3

Compara el tamaño, la forma y las partes de las artemias salinas. ¿En qué se parecen las artemias salinas? ¿En qué se diferencian? Usa los patrones que encontraste como evidencias.

_____
_____

Haz una afirmación en la que respondas la pregunta.

_____
_____
_____

¿Qué evidencias tienes?

_____
_____
_____

 ✏️ Esta es la cría de un oso hormiguero. Encierra en un círculo la imagen que muestra un oso hormiguero adulto.

Aplica lo que sabes

Cuaderno de evidencias • Observa animales. ¿Qué partes del cuerpo tiene cada animal? ¿Cómo puedes saber si es una cría o un animal adulto? Presenta evidencias para explicar cómo lo sabes. Anota las respuestas en el Cuaderno de evidencias.

Lección 2 • ¿En qué se parecen los animales a sus progenitores?

Comparar la piel de los animales   Aprende en línea

Los animales tienen escamas, pelos o plumas en la piel. ¿En qué se parece y en qué se diferencia la piel de las crías de la piel de sus progenitores?

cría de mapache | mapache adulto

Los mapaches tienen pelaje oscuro alrededor de los ojos. Las crías y los adultos tienen el mismo color de pelaje.

pollito | gallina

El pollito tiene plumas amarillas y mullidas. Le crecerán plumas nuevas y se parecerá más a su progenitor.

✏️ Observa los animales. Luego, traza una línea para unir cada progenitor con su cría.

Aplica lo que sabes

📖 **Lee, escribe y preséntalo** • Elige un animal. Observa cómo es la piel cuando es una cría y cuando es un animal adulto. Comenta las semejanzas y las diferencias de la piel con tus compañeros. Usa oraciones completas.

Lección 2 • ¿En qué se parecen los animales a sus progenitores?

Animales de la misma clase

Aprende en línea

¿Por qué los animales de la misma clase pueden tener semejanzas y diferencias?

Estos peces son todos de la misma clase. Tienen las mismas partes del cuerpo, pero no tienen el mismo tamaño. También tienen diferentes colores y marcas.

Estos perros son todos de la misma clase. Tienen cuatro patas y una cola. Todos tienen pelaje, pero de diferentes colores.

182

Observa los animales.
Encierra en un círculo los dos que son de la misma clase. Busca patrones.

Lección 2 • ¿En qué se parecen los animales a sus progenitores?

Práctica matemática • Compara los perros. Ordénalos del más bajo al más alto. Escribe 1, 2 o 3.

_____   _____   _____

✋ Aplica lo que sabes

Cuaderno de evidencias • Trabaja con un compañero. Busca animales de la misma clase en libros. Explica en qué se parecen y en qué se diferencian. Presenta evidencias para explicar cómo lo sabes. Dibuja los animales en el Cuaderno de evidencias.

Un paso más
Personajes de las ciencias y la ingeniería • Robyn Hannigan

Aprende más en línea.
- El ciclo de vida de la mariposa
- Investigación sobre las mascotas

Aprende en línea

Robyn Hannigan es científica ambiental. Ha estudiado los patrones que tienen los huesos del oído de los peces. Los patrones indican lo rápido que crecen los peces. Gracias al estudio de los huesos del oído también se puede saber dónde habitaron los peces. Hannigan ha usado su investigación para ayudar a establecer normas de pesca.

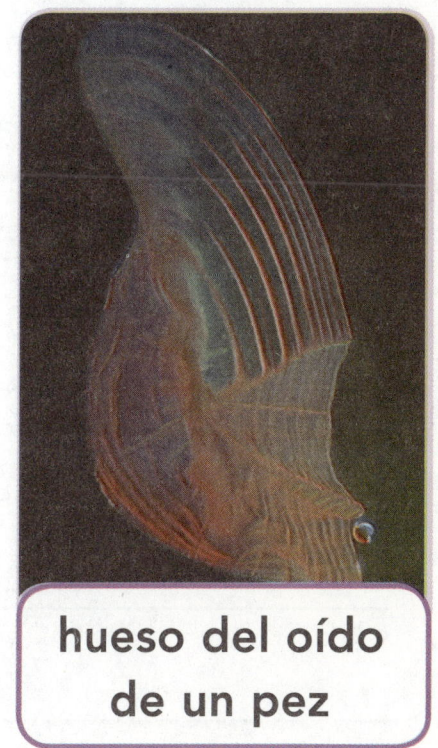

hueso del oído de un pez

Lección 2 • ¿En qué se parecen los animales a sus progenitores?

Lee, escribe y preséntalo

¿Qué tipo de cosas pueden afectar lo rápido o lento que crece un pez? Escribe tus ideas. Investiga. ¿La información que encontraste respalda tus ideas?

salmón real

Dibuja o escribe acerca de tus ideas.

Revisión de la lección

Nombre _____

¿Puedes explicarlo?

✏️ Ves la cría de un animal. Quieres encontrar un animal adulto que sea de la misma clase. ¿Qué debes buscar? Asegúrate de

- explicar en qué se parecen y en qué se diferencian los animales de una misma clase.
- explicar cómo puedes observar patrones para saber si dos animales son de la misma clase.

_____

_____

_____

_____

Autorrevisión

1. ¿Qué afirmaciones sobre la mayoría de las crías de animales y sus progenitores son **verdaderas**? Elige todas las respuestas correctas.

    Ⓐ Las crías de los animales tienen partes parecidas a las de sus progenitores.

    Ⓑ Las crías de los animales crecen y se parecen a sus progenitores.

    Ⓒ Las crías de los animales son más grandes que sus progenitores.

2. Marco observa la cría de un animal que tiene escamas en el cuerpo. ¿Qué es probable que tenga el progenitor de la cría del animal?

    Ⓐ pelaje

    Ⓑ escamas

    Ⓒ caparazón

3. Observa las crías de los animales y sus progenitores. ¿Qué patrón ves?

    Ⓐ Tienen el mismo tamaño.

    Ⓑ Tienen el mismo patrón en su pelaje.

    Ⓒ Las partes del cuerpo son distintas.

4. ¿Cuál es el progenitor de cada cría?
   Traza una línea que una el progenitor con su cría.

5. Amy observa dos perros que son de la misma clase. ¿Qué afirmaciones acerca de los perros podrían ser verdaderas?

   Ⓐ Los perros son de diferentes colores.
   Ⓑ Un perro tiene pelaje y el otro tiene plumas.
   Ⓒ Un perro es más pequeño que el otro.

Lección 2 • ¿En qué se parecen los animales a sus progenitores?

Lección 3: ¿Cómo cuidan los animales a sus crías?

Los animales cuidan a sus crías de distintas maneras.

Para comenzar

Ayudar a los más pequeños ¿Qué hacen los adultos por los niños? Anota tus ideas. ¿En qué se parece o se diferencia lo que anotaste de la forma en que los animales cuidan a sus crías? Haz una comparación.

Los animales ayudan a sus crías

Aprende en línea

¿Has visto alguna vez una rana con un renacuajo sobre la espalda? Esta rana sube a su renacuajo a un árbol. Pone al renacuajo en el agua dentro de una flor.

¿Puedes explicarlo?

¿Cómo ayudan los animales a sus crías a sobrevivir?

_____

_____

Lección 3 • ¿Cómo cuidan los animales a sus crías?

Mantenerse a salvo

Aprende en línea

Una conducta es la manera en que actúa un animal. ¿Cuáles son algunas de las conductas que sirven para proteger a las crías?

Las crías de los conejos se esconden en el césped mientras su madre no está. Esperan a que su madre regrese. Cuando escuchan que ella los llama, responden.

Un papá pingüino sostiene a su cría sobre las patas. Así lo mantiene abrigado.

✏️ **Traza una línea que una los animales con las palabras que describen cómo las crías se mantienen a salvo.**

Se esconde para protegerse.

Se apoya sobre las patas de su progenitor.

Lección 3 • ¿Cómo cuidan los animales a sus crías?

Práctica matemática • Una araña lobo lleva 64 huevos en un saco. Otra araña lobo lleva 48 huevos. ¿Qué número de huevos es mayor? Completa con <, > o =.

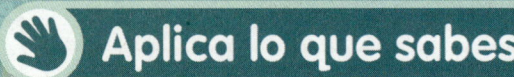

Aplica lo que sabes

Cuaderno de evidencias • Trabaja con tus compañeros. Busquen imágenes de cómo se protegen los animales y sus crías. Comenten qué hacen los animales para mantenerse a salvo. Presenten evidencias. Hagan una tabla para mostrar los patrones.

Buscar alimento

Aprende en línea

Las crías de gaviotas picotean el pico de su progenitor cuando tienen hambre.

Las suricatas viven en grupos. Las crías llaman a los adultos para que les lleven alimentos. Se mantienen cerca de los adultos que más alimentos les consiguen.

Las crías muestran ciertas conductas para recibir alimentos de sus progenitores. Pueden mostrar una conducta en un sistema grupal para conseguir que los adultos les den alimentos.

✏️ ¿Qué cría muestra una conducta en un sistema grupal para conseguir alimentos? Encierra en un círculo la imagen correcta.

✋ Aplica lo que sabes

Cuaderno de evidencias • Observa a los animales que hay cerca de tu escuela. ¿Cómo trabajan los animales en un sistema para buscar alimentos y sobrevivir? Presenta evidencias para explicar cómo lo sabes. Comenta con un compañero. Anota lo que observaste.

Las crías aprenden

Aprende en línea

Las crías de oso aprenden a atrapar peces para comer.

Las crías de leopardo aprenden a mantenerse en movimiento para protegerse.

Algunas crías de animales aprenden de sus progenitores. Se quedan con ellos durante algunos años y miran lo que hacen para buscar alimento y protegerse.

¿Qué le está enseñando este orangután a su cría?

Ⓐ a buscar fruta

Ⓑ a esconderse en un refugio

Ⓒ a atrapar animales pequeños

👋 Aplica lo que sabes

 **Lee, escribe y preséntalo** • Piensa en cómo cuidan a sus crías distintos animales adultos. Trabaja con un compañero para responder estas preguntas: ¿Qué conductas son iguales entre los distintos animales? ¿Qué conductas son diferentes?

Nombre _____

Actividad práctica
Compara cómo aprenden los animales

Aprende en línea

Materiales
- una computadora
- libros sobre animales

Haz una pregunta

_____

Pon a prueba y anota los resultados

Paso 1

Trabaja con un compañero. Investiga acerca de los osos polares y los leones. Busca información en la computadora y en libros sobre animales.

Paso 2

Investiga de qué manera los osos polares y los leones enseñan a sus crías a buscar alimento. Investiga cómo les enseñan a sus crías a protegerse.

Lección 3 • ¿Cómo cuidan los animales a sus crías?

Paso 3

Escribe o dibuja lo que hayas encontrado. Busca patrones en las formas que tienen las crías de aprender de los progenitores.

Haz una afirmación en la que respondas la pregunta.

¿Qué evidencias tienes?

Un paso más
Personajes de las ciencias y la ingeniería • David Mizejewski

Aprende más en línea.
- Conservacionista de la vida silvestre
- Por su cuenta

Aprende en línea

De niño, a David Mizejewski le encantaba jugar al aire libre. Ahora, es experto en vida silvestre. Enseña sobre la protección del medio ambiente. Escribió un libro sobre cómo desarrollar jardines que proporcionan alimento y refugio para la vida silvestre. Este tipo de jardines ayudan a que la vida silvestre sobreviva.

Planifica un jardín

Trabaja con un compañero. Planea un jardín donde puedan vivir los animales y las plantas silvestres de la zona.
Investiga qué plantas se incluirán en el jardín.

✏️ Dibuja un plano del jardín y rotúlalo.

Revisión de la lección

Nombre _____

Aprende en línea

¿Puedes explicarlo?

✏️ ¿Cómo ayudan los animales a sus crías a sobrevivir? Asegúrate de

- describir los patrones en la manera de actuar de algunos animales para cuidar a sus crías.
- explicar cómo estas conductas ayudan a las crías a sobrevivir.

_____
_____
_____
_____

Autorrevisión

1. ¿Qué conductas ayudan a las crías? Elige todas las respuestas correctas.

   Ⓐ Una gaviota alimenta a sus crías.
   Ⓑ Un conejo llama a sus crías.
   Ⓒ Un pingüino mantiene abrigada a su cría.

2. ¿Cómo actúan estas crías para obtener alimento? Elige todas las respuestas correctas.

   Ⓐ Las crías llaman a los adultos.
   Ⓑ Las crías muestran una conducta en un sistema grupal.
   Ⓒ Las crías picotean a los adultos.

3. Observa las aves y sus crías. ¿Qué patrón ves?

Ⓐ El ave progenitora está enseñando a sus crías a volar.

Ⓑ El ave progenitora está alimentando a sus crías.

Ⓒ El ave progenitora y sus crías están protegiéndose.

4. ¿Cuál es un ejemplo de crías que muestran una conducta en un sistema grupal?

Ⓐ Una cría de gaviota picotea a su progenitor.

Ⓑ Una cría de oso aprende a atrapar peces con su progenitor.

Ⓒ Una cría de suricata se mantiene cerca de los adultos que más alimentos le consiguen.

5. ¿Cuánto tiempo se quedan las crías de oso y de leopardo con sus madres?

Ⓐ algunos días

Ⓑ algunas semanas

Ⓒ algunos años

Ejercicio de rendimiento de la unidad
Une los animales con sus crías

Materiales
- tarjetas de animales
- tijeras
- lápiz

PASOS

Paso 1

Recorta diez tarjetas de animales del papel.

Paso 2

Pon las tarjetas boca abajo sobre la mesa.

Paso 3

Pide a un compañero que dé vuelta dos tarjetas. Se forma la pareja si las tarjetas muestran un animal adulto y su cría.

Paso 4

Describe en qué se parecen y en qué se diferencian los adultos de las crías.

Paso 5

Túrnense para dar vuelta las tarjetas hasta unir todos los adultos con sus crías.

Paso 5

¿Qué patrones observas? Escribe los patrones.

✓ Comprueba

_____ Recorté diez tarjetas de animales.

_____ Participé de un juego de unir tarjetas.

_____ Comparé los animales con sus crías.

_____ Escribí los patrones que observé.

Unidad 4 • Las partes de los animales

Repaso de la unidad

Nombre _____

1. ¿Qué solución imita el pico de un ave que atrapa alimentos?

2. Tamara quiere diseñar una solución que le proteja la cabeza. ¿Qué forma debe imitar para su solución?
   - Ⓐ la forma de la púa de un puercoespín
   - Ⓑ la forma del caparazón de una tortuga
   - Ⓒ la forma de la garra de un águila

3. ¿Qué partes del cuerpo usan los animales para captar oxígeno? Elige todas las respuestas correctas.
   - Ⓐ los pulmones
   - Ⓑ las branquias
   - Ⓒ las aletas

4. ¿Cuál es el progenitor de cada cría? Busca patrones. Une la cría con su progenitor.

5. Kim ve un animal cubierto de pelo. ¿Qué tendrá una cría de la misma clase de animal?
   Ⓐ plumas
   Ⓑ un caparazón
   Ⓒ pelo

6. ¿Qué afirmaciones sobre las crías y sus progenitores son verdaderas? Elige todas las respuestas correctas.
   Ⓐ Las crías son más pequeñas que sus progenitores.
   Ⓑ Las crías y sus progenitores siempre son de distintos colores.
   Ⓒ Las crías y sus progenitores son la misma clase de animal.

7. Bella ve dos caballos de la misma clase, pero no son exactamente iguales. ¿En qué podrían diferenciarse?
   Ⓐ Lo que les cubre el cuerpo es diferente.
   Ⓑ Tienen distintos tamaños.
   Ⓒ Tienen distinta cantidad de patas.

8. ¿Cuál es un ejemplo de cómo los animales adultos cuidan a las crías en un sistema grupal? Elige todas las respuestas correctas.
   Ⓐ Una gaviota alimenta a una cría.
   Ⓑ Un grupo de elefantes adultos protege a una cría de elefante.
   Ⓒ Las suricatas adultas llevan alimento a las crías.

9. ¿Qué animales están alimentando a sus crías? Busca patrones. Elige todas las respuestas correctas.

Unidad 5
Los sonidos de los animales

Aprende en línea

Resuélvelo • Formar una banda

¿Cómo puedes hacer vibrar las partes de los instrumentos para producir sonidos? Conéctate para crear instrumentos.

Unidad 5: Vistazo

Proyecto de la unidad 213

Lección 1
¿Qué es el sonido? 218

Lección 2
Ingeniería • ¿Cómo emiten sonidos los animales? 234

Ejercicio de rendimiento de la unidad 250

Repaso de la unidad 252

Nombre _____

 **Proyecto de la unidad**
Explora el sonido

Piensa en cómo se produce el sonido. Planea y realiza una investigación para descubrir si hay una relación entre las cosas que vibran y el sonido.

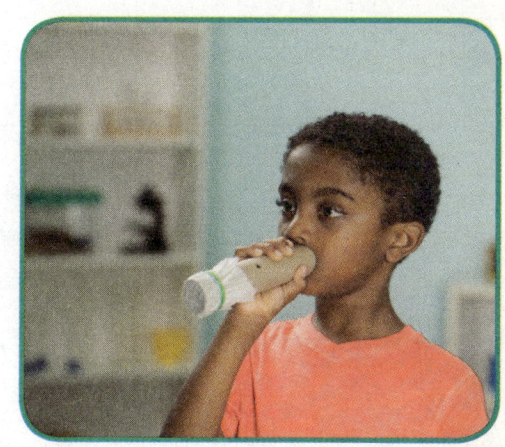

Haz una pregunta
Anota la pregunta.

_____

_____

_____

Materiales
Dibuja y rotula los materiales que necesitarás.

Pasos Escribe los pasos que seguirás.

_____
_____
_____
_____
_____
_____
_____
_____

Datos

Anota los datos.

garganta _____

mirlitón _____

parlante _____

Analiza los resultados
Busca patrones en los datos.

Vuelve a formular la pregunta
Escribe la pregunta que investigaste.

_____

_____

_____

Afirmaciones, evidencias y razonamientos
Haz una afirmación en la que respondas la pregunta.

_____

_____

Revisa los datos. ¿Qué evidencias de la investigación justifican tu afirmación?

_____

_____

_____

Comenta tu razonamiento con un compañero.

 # Desarrollo del lenguaje

Mientras trabajas en las lecciones, completa la tabla con definiciones y ejemplos.

Palabra	Significado
sonido	Tipo de energía que oyes cuando algo vibra.
vibrar	
volumen	
tono	
comunicar	

Ejemplo	Palabras que sé que son parecidas
cantar	ruido

Lección 1: ¿Qué es el sonido?

El sonido puede hacer que los materiales se muevan.

Para comenzar

Juego de los sonidos Escucha sonidos. Describe en qué se diferencian los sonidos. Clasifica los sonidos. Presenta evidencias para explicar cómo los has clasificado.

Hacer que los objetos se muevan **Aprende en línea**

Un parlante emite sonido. Observa lo que ocurre cuando se coloca agua sobre el parlante.

¿Puedes explicarlo?

¿Por qué se mueve el agua?

_____
_____
_____

Producir un sonido

Los sonidos te rodean, pero ¿qué es el sonido? El **sonido** es un tipo de energía que oyes cuando algo vibra. **Vibrar** es moverse rápidamente hacia delante y hacia atrás.

En el piano, un martillo golpea una cuerda.

La cuerda vibra, o se mueve. Produce un sonido que puedes oír.

¿Cuándo produce sonido la cuerda de un piano?

Ⓐ cuando se corre

Ⓑ cuando vibra

Ⓒ cuando escucha

👋 Aplica lo que sabes

Trabaja en grupo. Entre varios, sostengan una regla de metal sobre una mesa. Dejen la mitad de la regla fuera del borde de la mesa. Golpeen la parte de la regla que sobresale. ¿Qué oyen? Intenten producir distintos sonidos. ¿Por qué cambia el sonido?

Volumen y tono

Aprende en línea

Una sirena produce un sonido alto.

Un susurro es un sonido bajo.

¿Cuál es la diferencia entre una sirena y un susurro? Tienen diferentes volúmenes. Uno es alto y el otro es bajo. El **volumen** es cuán alto o bajo es un sonido.

tono grave   tono agudo

Los sonidos también pueden ser agudos o graves. El **tono** es cuán agudo o grave es un sonido. Puedes oír tonos agudos y graves en el piano. Las teclas de un lado del piano producen sonidos graves. Las teclas del otro lado del piano producen sonidos agudos.

✏️ Observa las imágenes. Escribe **alto** o **bajo** para describir el sonido que produce cada cosa.

_____ _____

_____ _____

✏️ Escribe **agudo** o **grave** para completar la oración. El sonido de un trueno tiene un tono _____.

Práctica matemática • El tono se mide en hercios. El hercio es una medida de sonido. Una tuba puede tocar una nota con un tono de 32 hercios. Un chelo puede tocar una nota con un tono de 65 hercios.

Compara los números. Escribe <, > o =.

32 ◯ 65

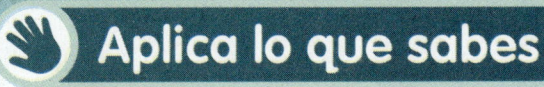# Aplica lo que sabes

 **Lee, escribe y preséntalo** • Explora los tonos en tu salón. Busca objetos que produzcan tonos agudos. Busca objetos que produzcan tonos graves. Escribe acerca de cómo encontraste los objetos. Haz una tabla para organizar la información. Comparte la tabla con otros compañeros.

¿Por qué se mueve?

Aprende en línea

Observa las imágenes. Cuando el parlante está apagado, no hay sonido. El globo no se mueve. ¿Qué ocurre cuando el parlante está encendido y la canción empieza a sonar? Las ondas sonoras del parlante golpean al globo. El globo se mueve.

Aplica lo que sabes

Cuaderno de evidencias • Trabaja con un compañero. Usa un diapasón y un vaso con agua para explorar el sonido. Planea una prueba para demostrar que el sonido puede hacer que los materiales vibren. Presenta evidencias para explicar lo que ocurrió.

Nombre _____

Actividad práctica

Haz que algo se mueva con el sonido

Aprende en línea

Materiales
- una lata de metal
- film transparente
- una liga
- arroz
- un recipiente
- una cuchara de madera

Haz una pregunta

_____

Pon a prueba y anota los resultados

Paso 1

Arma un tambor. Ahora coloca un puñado de arroz sobre el tambor.

Paso 2

Haz la prueba. Golpea fuerte el recipiente muy cerca del tambor.

Paso 3

Anota lo que observaste. ¿El sonido del recipiente movió el arroz?

Lección 1 • ¿Qué es el sonido?

227

Paso 4

Explica por qué se movió el arroz o por qué no se movió. Identifica la causa y el efecto.

[   ]

Haz una afirmación en la que respondas la pregunta.

_____
_____
_____

¿Qué evidencias tienes?

_____
_____
_____

Un paso más
Personajes de las ciencias y la ingeniería • José Hernández-Rebollar

Aprende más en línea.
- Diseñador de sonidos
- Dar la nota

Aprende en línea

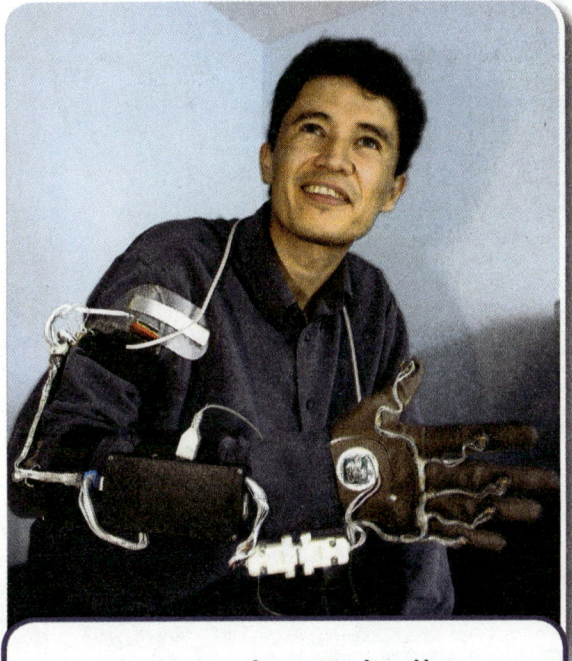

Hernández-Rebollar

José Hernández-Rebollar es ingeniero. Diseñó un guante. El guante convierte el lenguaje de señas estadounidense en palabras habladas y escritas. El guante puede sentir el movimiento de las manos de las personas.

comunicación en lenguaje de señas estadounidense

Diseñar un timbre

Trabaja con un compañero. Diseña un timbre para personas que no pueden escuchar. Dibuja y rotula el timbre. Explica cómo funciona el timbre.

✏️ Dibuja y escribe la explicación.

_____
_____
_____
_____

Revisión de la lección

Nombre _____

Aprende en línea

¿Puedes explicarlo?

 ¿Por qué se mueve el agua?

Asegúrate de
- describir cómo el sonido puede afectar a los materiales.
- explicar por qué se mueve el agua.

_____
_____
_____
_____

Lección 1 • ¿Qué es el sonido?   231

Autorrevisión

1. ¿Qué genera sonido?

    Ⓐ el tono

    Ⓑ la energía cuando algo vibra

    Ⓒ el volumen

2. ¿Cuál es la principal diferencia entre los sonidos de una sirena y de un susurro?

    Ⓐ Tienen diferentes tonos.

    Ⓑ Tienen diferentes clases de energía.

    Ⓒ Tienen diferentes volúmenes.

3. ¿Qué imágenes muestran que se produce sonido cuando algo vibra? Encierra en un círculo todas las respuestas correctas.

4. ¿El sonido puede hacer que los materiales se muevan? ¿Qué prueba deberías hacer para responder la pregunta?

   Ⓐ puntear la cuerda de una guitarra

   Ⓑ golpear un recipiente cerca de un puñado de arroz

   Ⓒ soplar por el pico de una botella de agua

5. Tim planea y hace el experimento que se ve en la imagen. ¿Qué puede comprobar Tim con el experimento del diapasón?

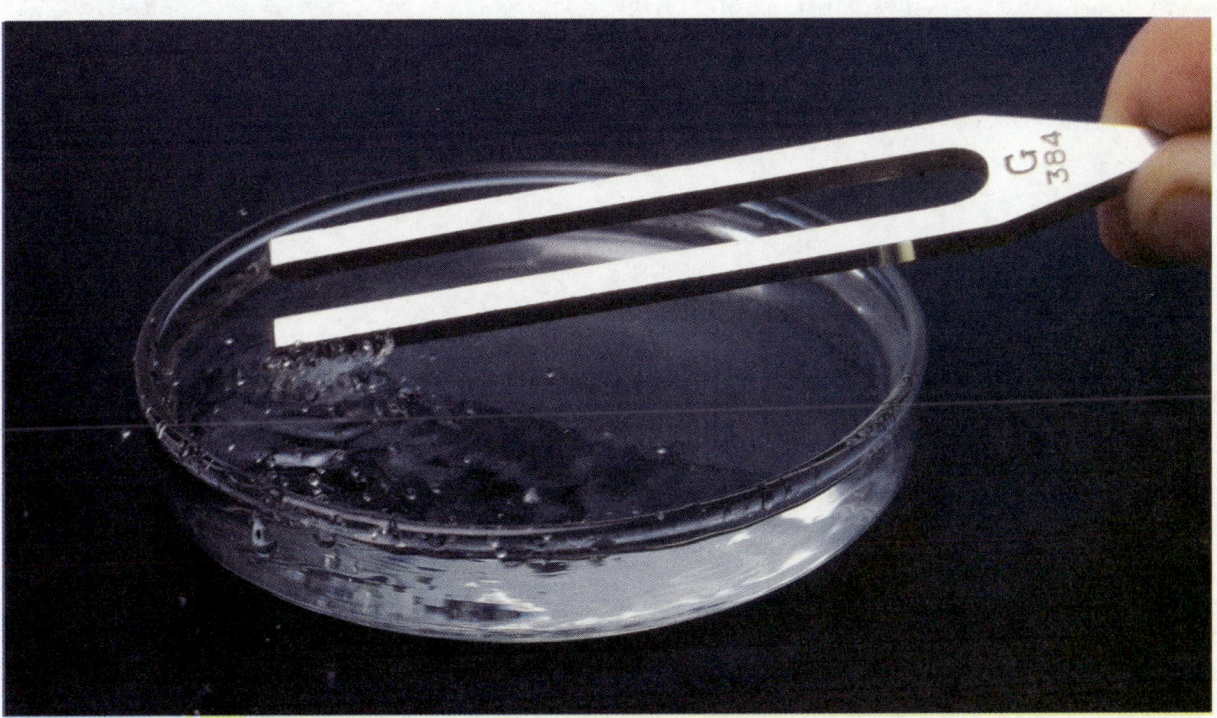

   Ⓐ El sonido puede hacer que los materiales se muevan.

   Ⓑ Los sonidos pueden tener tonos graves o agudos.

   Ⓒ Los sonidos pueden ser altos o bajos.

Lección 1 • ¿Qué es el sonido?

Lección 2 — Ingeniería • ¿Cómo emiten sonidos los animales?

Las aves emiten sonidos para comunicarse.

 **Para comenzar**

A vibrar Apoya dos dedos en tu garganta. Luego, tararea o habla. ¿Sientes cómo te vibra la garganta? ¿Cómo se relaciona esto con el sonido que produces? Anota tus observaciones en el Cuaderno de evidencias.

Comunicar el peligro

Aprende en línea

¿Alguna vez viste a un animal parado de esta forma? Este animal se está comunicando con su grupo.

¿Puedes explicarlo?

✏️ ¿Cómo saben los otros animales que hay peligro?

_____

_____

_____

Lección 2 • Ingeniería • ¿Cómo emiten sonidos los animales?   235

Partes que vibran

Aprende en línea

Un grillo se frota las dos alas delanteras. Las alas vibran. Esto emite un sonido.

Una serpiente de cascabel sacude la cola. Esto hace que vibren las partes que están en la punta de la cola. Esto emite un sonido.

Los animales pueden emitir sonidos. Algunas partes de sus cuerpos vibran para emitir sonidos.

✏️ Este insecto es un saltamontes. Emite sonidos de la misma forma que un grillo. Encierra en un círculo las partes del saltamontes que vibran para emitir un sonido.

✋ Aplica lo que sabes

Observa imágenes de grillos. Luego, dibuja un modelo de un grillo. Rotula las partes de su cuerpo. Identifica las partes que vibran para emitir sonido. ¿De qué manera las formas de las partes permiten que el grillo emita sonidos?

Los sonidos transmiten un mensaje

Aprende en línea

Los coyotes emiten llamados para comunicarse. Algunos llamados indican que la familia debe reunirse.

Los perritos de las praderas emiten llamados para comunicar que hay peligro. Los patrones de los llamados les indican a otros perritos de las praderas qué tipo de peligro se aproxima.

Los animales emiten sonidos para comunicarse entre sí. **Comunicarse** significa compartir información. Para comunicarse, los animales trabajan juntos en un sistema.

rana de coro de California

Las ranas de coro de California emiten llamados para encontrar a otros animales. Los llamados tienen un sonido con tono grave.

codorniz californiana

Las codornices californianas emiten llamados para encontrar a otros animales. Los llamados tienen un sonido con tono agudo.

Algunos animales emiten sonidos para encontrar a otros animales de su misma especie. Así, estos animales pueden convertirse en progenitores y tener crías.

✏️ ¿Por qué emiten llamados los coyotes? Dibuja una línea que una la imagen con la respuesta correcta.

para comunicarse con su familia

para encontrar refugio

✋ Aplica lo que sabes

Cuaderno de evidencias • Trabaja con un compañero. Elige un animal. ¿Qué partes del cuerpo usa el animal para emitir sonidos? ¿De qué manera el sonido lo ayuda a comunicarse? Presenta evidencias para hablar con otros compañeros sobre el animal y sus sonidos.

Mantenerse en contacto

Aprende en línea

Los elefantes emiten diferentes sonidos para comunicarse. Emiten un sonido grave para indicar a otros elefantes que avancen en cierta dirección.

Estas aves emiten llamados cuando vuelan largas distancias. Esos llamados permiten que los grupos de aves se mantengan unidos.

Algunos animales emiten sonidos para mantener unido a su grupo. El grupo de animales es un sistema.

Lección 2 • Ingeniería • ¿Cómo emiten sonidos los animales?

Práctica matemática • Trabaja en grupo para hacer teléfonos de cuerda. Pongan a prueba los teléfonos. Prueben con diferentes largos de cuerda. Midan las cuerdas con los pies. ¿El largo de la cuerda afectó el sonido? Presenten evidencias para explicar cómo lo saben.

 Anota la respuesta.

_____

_____

_____

Aplica lo que sabes

Lee, escribe y preséntalo • **Cuaderno de evidencias** • Habla con un compañero acerca de los sonidos de los animales. ¿Por qué emiten sonidos los animales? ¿Qué partes del cuerpo usan? Usa palabras como **entonces** y **porque** para conectar tus ideas. Presenta evidencias para explicarlo.

Nombre _____

Actividad práctica
Ingeniería •
Comunicarse a distancia

Aprende en línea

Materiales
- un objeto que haga ruido
- materiales para hacer manualidades

Haz una pregunta

_____

_____

Pon a prueba y anota los resultados

Paso 1

Sal al aire libre con tu objeto. Pide a tu compañero que se aleje 50 pasos.

Paso 2

Haz sonar tu objeto. Usa diferentes volúmenes y patrones para comunicarle a tu compañero diferentes cosas.

Paso 3

Planea y construye algo que haga que tu sonido sea más alto. Repite los Pasos 1 y 2 para probar tu solución.

Paso 4

Anota lo que observaste. Explica cómo usaste tu modelo para mostrar de qué manera se comunican los animales.

_____

_____

Haz una afirmación en la que respondas la pregunta.

_____

_____

¿Qué evidencias tienes?

_____

_____

Un paso más
Profesiones de las ciencias y la ingeniería • Etóloga

Aprende más en línea.
- Maydianne Andrade
- Oír como un murciélago

Aprende en línea

Jane Goodall observa a los chimpancés.

¿Cómo se comunican y aprenden los animales? Los etólogos los observan para descubrirlo. Observan cómo los animales se comunican en la naturaleza. También pueden estudiar a los animales que viven entre personas.

Lección 2 • Ingeniería • ¿Cómo emiten sonidos los animales?

📖 Lee, escribe y preséntalo

¿Cómo nos ayudan los etólogos a comprender lo que hacen los animales? Escribe para responder la pregunta. Usa palabras como **en** y **cuando** para agregar detalles a la respuesta.

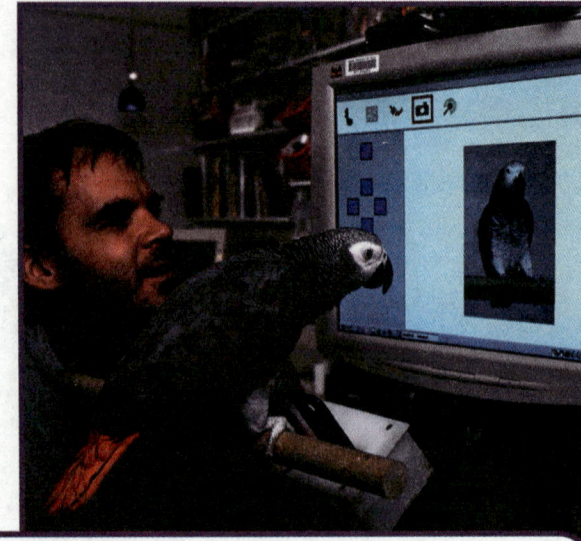

Un etólogo observa a un loro.

✏️ Escribe tu respuesta.

_____
_____
_____
_____
_____

Revisión de la lección

Nombre _____

Aprende en línea

¿Puedes explicarlo?

✏️ ¿Cómo saben los otros animales que hay peligro?

Asegúrate de
- describir cómo los animales usan los sonidos para comunicarse.
- explicar cómo los animales trabajan juntos en un sistema para comunicarse.

_____
_____
_____
_____

Lección 2 • Ingeniería • ¿Cómo emiten sonidos los animales?

Autorrevisión

1. Keith dibuja un modelo para mostrar cómo emite sonido una serpiente de cascabel. Quiere rotular la parte de la serpiente que vibra.
   ¿Qué parte debe rotular?

   Ⓐ la cola
   Ⓑ los ojos
   Ⓒ la cabeza

2. Jess quiere diseñar un instrumento con partes que se raspan para emitir sonido. ¿El modelo de qué animal debería observar Jess para encontrar ideas?

   Ⓐ un elefante
   Ⓑ un grillo
   Ⓒ un coyote

3. ¿Cuál es un ejemplo de cómo los animales trabajan juntos en un sistema para comunicarse? Elige todas las respuestas correctas.

   Ⓐ Los elefantes emiten un sonido para mantener unido a su grupo.
   Ⓑ Los perritos de la pradera emiten un sonido para alertarse mutuamente.
   Ⓒ Los coyotes emiten un sonido para reunir a su familia.

4. Alejandro quiere fabricar un instrumento que muestre de qué manera estas aves se comunican con sonidos. ¿Qué debe hacer el instrumento?

   Ⓐ comunicarse muy silenciosamente
   Ⓑ comunicarse a distancia
   Ⓒ comunicarse en la oscuridad

5. ¿Por qué los animales emiten sonidos para comunicarse? Elige todas las respuestas correctas.

   Ⓐ para advertirse sobre el peligro
   Ⓑ para mantener unidos a los grupos
   Ⓒ para encontrar a otros animales

 # Ejercicio de rendimiento de la unidad
Comunicarse con el sonido

Materiales
- instrumentos musicales

PASOS

Paso  1
¿En tu escuela hay una campana que suena al comienzo del día? Haz una lista de los sonidos que se usan en la escuela para comunicar mensajes. Comenta la lista con tus compañeros.

Paso 2
Piensa cómo podrías comunicarte con otra clase por medio de sonidos. Planea qué materiales usarás.

Paso 3
Decide el significado que tendrán los diferentes sonidos y patrones de sonido. Haz una lista para que todos puedan aprender los sonidos y sus significados.

Paso 4

Pon a prueba tus señales sonoras. ¿Los demás pueden entender tu mensaje?

Paso 5

Compara tu trabajo con el de tus compañeros. Comenta las semejanzas y diferencias.

✔ Comprueba

____ Comenté sobre los sonidos que se usan en mi escuela para comunicar.

____ Planeé qué materiales usaría para comunicarme por medio del sonido.

____ Hice una lista de lo que significan mis sonidos.

____ Probé mis señales sonoras con otras personas.

____ Comparé mi trabajo con otros trabajos.

Repaso de la unidad   Nombre _____

1. ¿Qué ocurre cuando algo vibra? Elige todas las respuestas correctas.
   Ⓐ Se mueve rápidamente hacia delante y hacia atrás.
   Ⓑ Puede producir sonido.
   Ⓒ Puede hacer que los materiales se muevan.

2. Beth cree que los materiales que vibran pueden producir sonido. ¿Qué debería hacer para comprobarlo?
   Ⓐ Debería escuchar los sonidos en su vecindario.
   Ⓑ Debería poner a hervir una cazuela con agua.
   Ⓒ Debería puntear la cuerda de una guitarra.

3. Escribe **alto** o **bajo** para describir el volumen del sonido en cada imagen.

_____   _____

_____   _____

252

4. ¿Qué sonido tiene un tono agudo?
   Ⓐ un perro que gruñe
   Ⓑ una rueda que rechina
   Ⓒ un gato que ronronea

5. ¿Qué imágenes muestran que el sonido puede mover materiales?

   Ⓐ 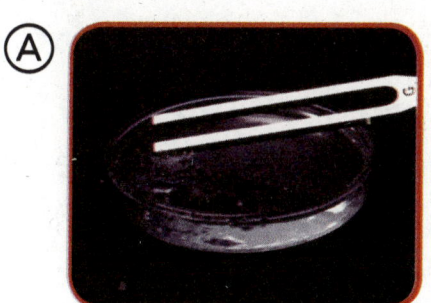　Ⓑ 　Ⓒ

6. Gerard quiere hacer un experimento para demostrar que el sonido puede mover materiales. ¿Qué debería hacer?
   Ⓐ poner arena sobre un tambor y golpear un recipiente junto al tambor
   Ⓑ verter una taza con arena dentro de un recipiente grande
   Ⓒ colocar arena en un vaso mezclador y agitarlo

7. Claudia quiere diseñar un instrumento que imite la forma en que emite sonido una serpiente de cascabel. ¿Qué debe hacer el instrumento?
   Ⓐ El instrumento debe tener partes que se froten entre sí.
   Ⓑ El instrumento debe hacer que otros materiales se muevan.
   Ⓒ El instrumento debe tener partes que se sacudan.

Unidad 5 • Repaso

8. ¿Cuál es un ejemplo de animales que usan los sonidos en un sistema grupal para protegerse?

   Ⓐ Un ave pequeña gorjea porque tiene hambre.

   Ⓑ Un perrito de la pradera emite un llamado para advertir de un peligro a otros perritos de la pradera.

   Ⓒ Las ranas de árbol emiten llamados para encontrar a otros animales de la misma especie.

9. Angelina hace un modelo para mostrar cómo hace ruido un grillo. Quiere rotular la parte del grillo que vibra. ¿Qué parte del grillo debe rotular? Encierra la parte en un círculo.

10. ¿De qué manera emitir sonidos ayuda a los animales a ser progenitores?

    Ⓐ Los animales emiten sonidos para encontrarse unos a otros.

    Ⓑ Los animales emiten sonidos porque tienen hambre.

    Ⓒ Los animales emiten sonidos porque están en peligro.

Unidad 6
Objetos y patrones en el cielo

Aprende en línea

Resuélvelo • ¡Ojos al cielo!
¿Puedes observar un patrón en las fases de la luna? Conéctate para aprender más.

Unidad 6: Vistazo

Proyecto de la unidad 257

Lección 1
¿Cuáles son los patrones de los objetos en el cielo? 262

Lección 2
¿Cuáles son los patrones de la luz? 280

Ejercicio de rendimiento de la unidad 296

Repaso de la unidad 298

Nombre _____

Proyecto de la unidad
Explora las fases de la luna

Puedes hacer un modelo de las fases de la luna. Planea y realiza una investigación para aprender cómo se producen las fases de la luna.

Haz una pregunta
Anota la pregunta.

_____

_____

_____

Materiales
Dibuja y rotula los materiales que necesitarás.

Unidad 6 • Objetos y patrones en el cielo   257

Pasos Escribe los pasos que seguirás.

___

___

___

___

___

___

___

___

Datos

Anota los datos.

Analiza los resultados

¿Cómo te ayuda el modelo a explicar las fases de la luna?

Vuelve a formular la pregunta

Escribe la pregunta que investigaste.

_____

_____

_____

Afirmaciones, evidencias y razonamientos

Haz una afirmación en la que respondas la pregunta.

_____

_____

_____

Revisa los datos. ¿Qué evidencias de la investigación justifican tu afirmación?

_____

_____

_____

Comenta tu razonamiento con un compañero.

 # Desarrollo del lenguaje

Mientras trabajas en las lecciones, completa la tabla con definiciones y ejemplos.

Palabra	Significado
estrella	Objeto que está en el cielo y tiene luz propia.
sol	
luna	
fases	
estación	

Ejemplo	Palabras que sé que son parecidas
Los pequeños puntos de luz que veo en el cielo por la noche.	sol

Lección 1: ¿Cuáles son los patrones de los objetos en el cielo?

Da la impresión de que los objetos en el cielo cambian durante la noche.

 **Para comenzar**

Cielos diferentes Sal al aire libre. Haz una lista de los objetos que ves en el cielo durante el día. Anota tus observaciones en el Cuaderno de evidencias. Compara esos objetos con los objetos que podrías ver en el cielo durante la noche.

Los objetos en el cielo

Observa las imágenes del cielo en diferentes momentos.

Aprende en línea

día

noche

¿Puedes explicarlo?

¿Cómo parecen cambiar los objetos en el cielo?

_____
_____
_____
_____

Lección 1 • ¿Cuáles son los patrones de los objetos en el cielo?

El cielo durante el día

Aprende en línea

el sol desde la Tierra

el sol de cerca

Podemos ver objetos en el cielo durante el día. Podemos ver el sol y, a veces, la luna. El sol es una estrella. Una **estrella** es un objeto que está en el cielo. Tiene luz propia. El **sol** es la estrella más cercana a la Tierra. Está compuesto por gases calientes. Da luz y calor.

✏️ Subraya dos oraciones que den información sobre el sol.

Aplica lo que sabes

Cuaderno de evidencias • Trabaja con un compañero. Comenten lo que saben sobre el sol en el cielo durante el día. Presenten evidencias para explicar cómo lo saben. Luego, escribe algunas oraciones en el Cuaderno de evidencias.

Patrones en el cielo durante el día   Aprende en línea

temprano por la mañana

Temprano por la mañana, el sol parece estar en la parte baja del cielo.

mediodía

Al mediodía, el sol parece estar justo arriba de nosotros.

atardecer

Hacia el atardecer, el sol parece estar bajo otra vez, pero del otro lado del cielo. Este patrón se repite todos los días.

Todos los días, la Tierra da un giro completo. Por eso, parece que el sol se moviera por el cielo.

✏️ Une las imágenes con la palabra o las palabras que la describan.

temprano por la mañana

mediodía

atardecer

Nombre _____

Actividad práctica
Observa el patrón del sol

Aprende en línea

Materiales • papel para dibujar

Haz una pregunta

_____

Pon a prueba y anota los resultados

Paso 1

Elige un momento de la mañana. Anota la hora.

_____

Paso 2

Sal al aire libre. Haz un dibujo de la posición del sol. Asegúrate de no mirar hacia el sol directamente.

Paso 3

Busca un objeto que dé sombra. Dibuja el objeto y su sombra.

Paso 4

Repite los pasos 2 y 3 al mediodía y otra vez a la tarde. Compara la posición del sol y de las sombras en los diferentes momentos del día.

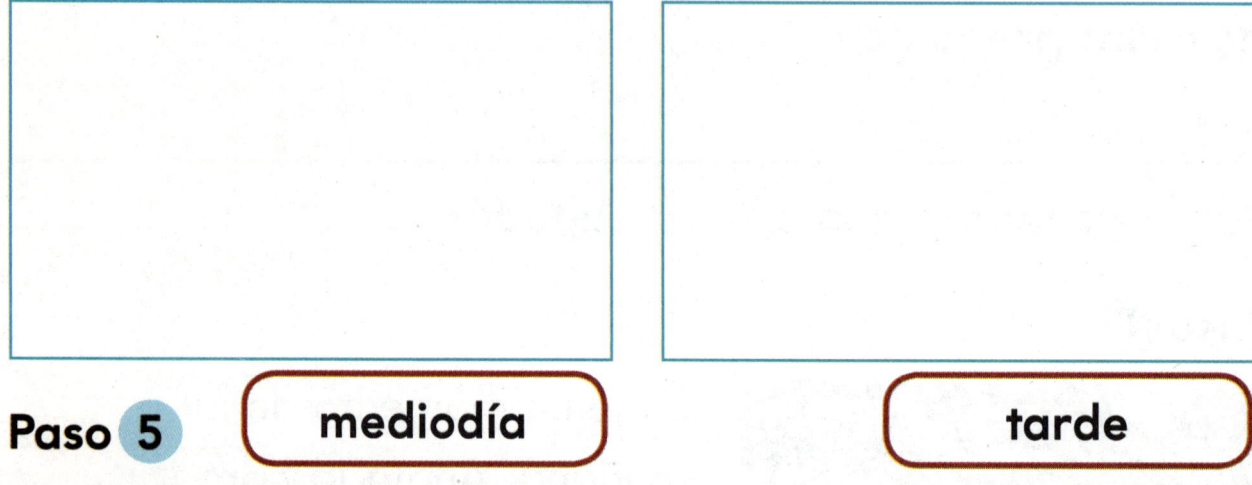

mediodía   tarde

Paso 5

Repite la actividad otro día.
¿Qué patrones ves?

Haz una afirmación en la que respondas la pregunta.

_____
_____
_____

¿Qué evidencias tienes?

_____
_____

📖 **Lee, escribe y preséntalo** • Piensa en lo que aprendiste con la actividad. ¿Crees que siempre ha parecido que el sol se mueve de esa manera?

✏️ Escribe para explicar tus ideas. Agrega detalles. Usa palabras nuevas que hayas aprendido.

_____

_____

_____

 Aplica lo que sabes

Trabaja con un compañero. Hagan un modelo del sol en el cielo durante el día. Usen el modelo para explicar el patrón de cómo parece moverse el sol.

El cielo durante la noche

Aprende en línea

la luna desde la Tierra

la luna de cerca

La noche siempre viene después del día. Muchas noches podemos ver la luna en el cielo. La **luna** es una gran esfera de roca que gira alrededor de la Tierra. Pareciera que la luna brillara, pero la luna no tiene luz propia. La luna refleja la luz del sol.

✏️ Escribe un dato sobre la luna.

_____

_____

_____

Aprende en línea

En una noche despejada, se pueden ver muchas estrellas. Las estrellas son esferas de gases calientes. Esos gases emiten luz. Esa luz es lo que vemos desde la Tierra. Las estrellas se ven pequeñas porque están muy lejos. Podemos verlas mejor con un telescopio. El telescopio hace que los objetos se vean más grandes.

 Subraya la oración que dice por qué se pueden ver las estrellas.

Aplica lo que sabes

Trabaja en grupo. Hagan un diccionario de imágenes sobre el cielo a la noche. Hagan una lista de los objetos en el cielo a la noche. Hagan un dibujo de cada objeto. Escriban oraciones para describirlos.

Patrones en el cielo durante la noche

Aprende en línea

luna nueva

cuarto creciente

luna llena

cuarto menguante

La forma de la luna parece cambiar. Esos cambios se llaman fases. Las **fases** son el patrón de luz y sombra de la luna que ves cuando esta se mueve. Las fases se repiten todos los meses.

Práctica matemática • Marca con una X la fase de la luna que parece un círculo completo. Encierra en un cuadro las fases que parecen la mitad de un círculo.

Aprende en línea

Estas estrellas se pueden ver durante el verano.

Estas estrellas se pueden ver durante el invierno.

El sol es la única estrella que se puede ver durante el día. Pero las estrellas que vemos todas las noches no son siempre las mismas. Cambian según la estación.

¿Qué oraciones acerca de los patrones de las estrellas son verdaderas? Elige todas las respuestas correctas.

Ⓐ El sol es la única estrella que se puede ver durante el día.

Ⓑ Las estrellas que se ven durante la noche en invierno son iguales a las que se ven en verano.

Ⓒ Se pueden ver estrellas diferentes en diferentes momentos del año.

Aplica lo que sabes

Cuaderno de evidencias • Trabaja en grupo. Hagan un modelo de las fases de la luna. Usen el modelo para describir el patrón de las fases de la luna. ¿Por qué parece que la luna cambia? Presenten evidencias para explicar cómo lo saben. Anota las respuestas en el Cuaderno de evidencias.

Un paso más
Personajes de las ciencias y la ingeniería • Kalpana Chawla

Aprende más en línea.
- Astronauta
- Tecnología espacial

Aprende en línea

brazo robótico

Kalpana Chawla fue astronauta e ingeniera. Viajó dos veces al espacio. Kalpana trabajó con el brazo robótico del transbordador espacial. Hizo experimentos mientras estuvo en el espacio.

Trabajar en el espacio

Actúa como un astronauta. Finge que estás usando un brazo robótico. El brazo no se mueve. ¿Qué pasos seguirías para encontrar una solución al problema? Escribe 1, 2, 3 o 4 para ordenar los pasos.

_____ Poner a prueba tu solución.

_____ Decidir si tu solución funciona.

_____ Definir el problema.

_____ Buscar una solución.

Revisión de la lección

Nombre _____

día

noche

¿Puedes explicarlo?

✏️ ¿Cómo parecen cambiar los objetos en el cielo?

Asegúrate de

- explicar cómo parecen cambiar los objetos en el cielo.
- describir el patrón de los cambios.

_____
_____
_____
_____
_____
_____

Lección 1 • ¿Cuáles son los patrones de los objetos en el cielo?

Autorrevisión

1. ¿Qué hace que el sol parezca seguir un patrón de movimiento?

   Ⓐ La Tierra da un giro completo.

   Ⓑ El sol da un giro completo.

   Ⓒ La luna da un giro completo.

2. ¿Qué momento del día es en cada imagen? Rotula las imágenes con las palabras del recuadro.

   | noche | atardecer | mediodía |

   _____ _____ _____

3. ¿Cuántas veces parece salir el sol en una semana?

   Ⓐ 1

   Ⓑ 7

   Ⓒ 14

4. ¿Qué es la luna?

   Ⓐ una estrella grande que gira alrededor de la Tierra

   Ⓑ una gran esfera de roca que gira alrededor de la Tierra

   Ⓒ una gran esfera de roca que bloquea la luz del sol

5. ¿Cuáles son las fases de la luna? Numera las imágenes en el orden correcto. La primera imagen ya tiene el número correcto.

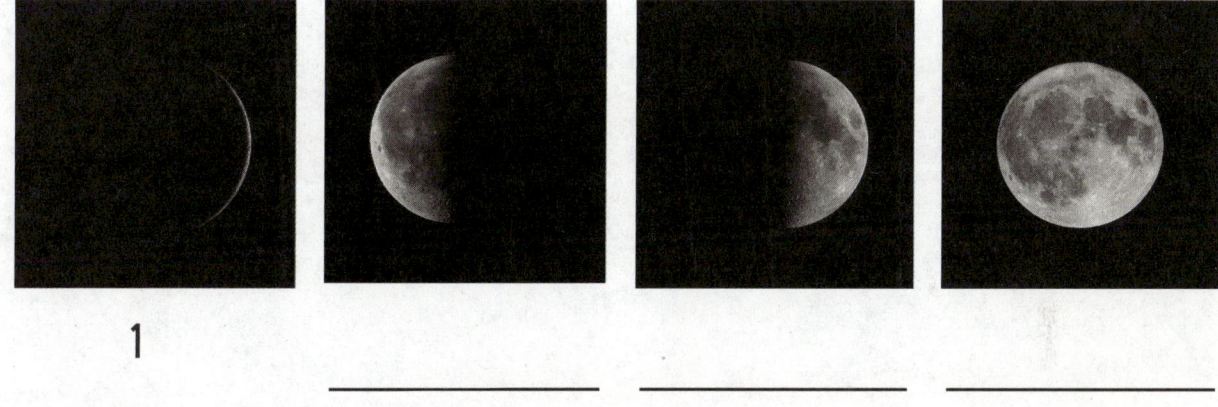

   1 ____ ____ ____

6. ¿Cuáles son los patrones de los objetos en el cielo? Elige todas las respuestas correctas.

   Ⓐ El sol parece moverse por el cielo durante el día.

   Ⓑ Todas las estrellas aparecen en el cielo durante el día.

   Ⓒ La luna parece cambiar de forma a lo largo del mes.

Lección 2: ¿Cuáles son los patrones de la luz?

Los patrones de la luz cambian a lo largo del año.

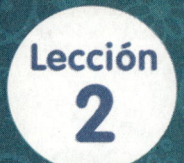

Para comenzar

Planea un pícnic Elige una estación. Planea una cena de pícnic para esa estación. ¿Cómo va a afectar a tu cena la hora en que parece esconderse el sol durante esa estación? Anota tus ideas en el Cuaderno de evidencias.

Las estaciones cambian

Aprende en línea

Observa el patrón de las estaciones.

¿Puedes explicarlo?

✏️ Quieres plantar flores en las estaciones que tienen más luz. ¿Qué estaciones elegirías?

_____

_____

Lección 2 • ¿Cuáles son los patrones de la luz?
281

Las estaciones

Aprende en línea

Una **estación** es una época del año en la que el estado del tiempo tiene características determinadas. Las cuatro estaciones son primavera, verano, otoño e invierno. El patrón de las estaciones se repite año tras año.

Aplica lo que sabes

Elige una estación y haz un *collage*. Rotula tu *collage* con el nombre de la estación. Escribe oraciones para describir tu trabajo. Compártelo con la clase.

Primavera y verano

Aprende en línea

La primavera viene después del invierno. En la mayoría de los lugares, el aire se vuelve más cálido. Hay más horas de luz que en invierno. Los días de primavera pueden ser lluviosos. Las plantas comienzan a crecer porque el aire es más cálido y hay más horas de luz.

 Escribe una oración para describir la primavera.

_____

_____

Aprende en línea

El verano viene después de la primavera. El primer día de verano tiene la mayor cantidad de horas de luz. Los días de verano son casi siempre calurosos y soleados. Todos usamos ropa fresca. Las flores y las frutas crecen en las plantas.

✏️ Subraya la oración que describe el tiempo en verano.

Aplica lo que sabes

📖 **Lee, escribe y preséntalo** • Elige una estación. Anota datos que la describan. Pide a un compañero que adivine la estación. Túrnense. Comparen los datos. ¿Encontraron algún patrón?

Otoño e invierno

Aprende en línea

El otoño viene después del verano. Hay menos horas de luz que en verano. Algunos animales almacenan alimentos para el invierno. Las hojas de muchos árboles cambian de color y se caen. Esto pasa porque hay menos horas de luz.

 Escribe una oración para describir el otoño.

_____

_____

_____

Aprende en línea

El invierno viene después del otoño. El primer día de invierno tiene la menor cantidad de horas de luz. El invierno suele ser la época más fría del año. En algunos lugares cae nieve. La gente se abriga para evitar el frío. A algunos animales les crece un pelaje grueso.

✏️ Escribe una oración para describir el invierno.

_____
_____
_____

Práctica matemática • La tabla muestra las estaciones preferidas por algunos niños.

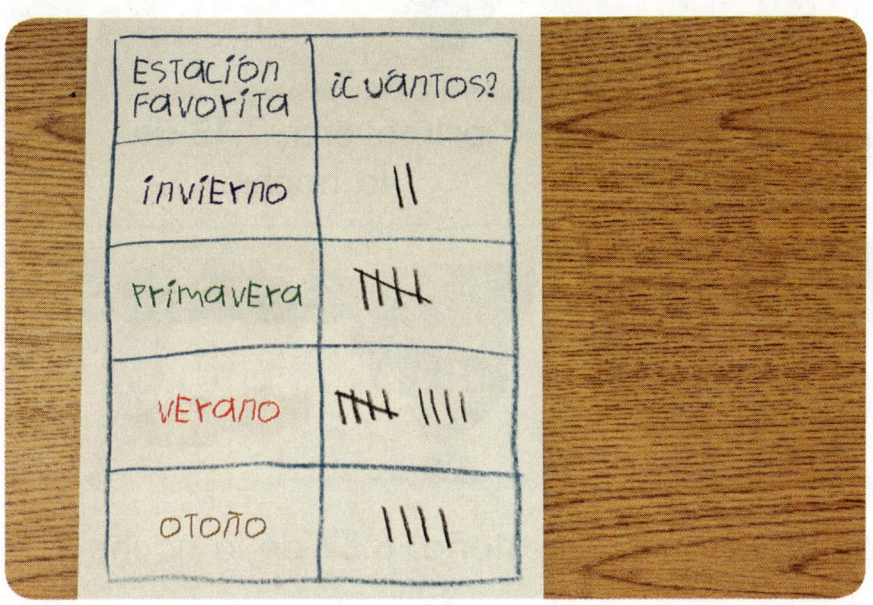

¿Cuántos niños prefirieron el verano antes que la primavera?

Ⓐ 5 Ⓑ 3 Ⓒ 4

Aplica lo que sabes

Lee, escribe y preséntalo • **Cuaderno de evidencias** • ¿Por qué crees que el tiempo cambia a lo largo del año? Da tu opinión. Presenta evidencias para respaldar tu opinión.

Patrones de la luz

Aprende en línea

invierno, 4:43 de la tarde

primavera, 7:13 de la noche

verano, 8:29 de la noche

otoño, 6:57 de la noche

La cantidad de horas de luz cambia según la estación. El sol sale y se esconde en distintos horarios durante el año. Este patrón se repite todos los años. Observa a qué hora se esconde el sol en el mismo lugar al comienzo de cada estación.

Aplica lo que sabes

Cuaderno de evidencias • Trabaja con un compañero. Presenten evidencias para explicar los patrones de la luz durante el año. Escribe las explicaciones en el Cuaderno de evidencias.

Nombre _____

Actividad práctica
Observa patrones en la puesta del sol

Aprende en línea

Materiales
- un calendario
- crayones
- una computadora
- papel para dibujar

Haz una pregunta

_____

Pon a prueba y anota los resultados

Paso 1

Identifica la estación y la fecha. Juntos, investiguen a qué hora el sol parecerá esconderse ese día.

Paso 2

Investiguen a qué hora el sol parecerá esconderse cierto día en las próximas dos estaciones.

Lección 2 • ¿Cuáles son los patrones de la luz?

289

Paso 3

Compara todas las horas que encontraron. Anota los patrones que vean.

Haz una afirmación en la que respondas la pregunta.

_____
_____
_____
_____
_____

¿Qué evidencias tienes?

_____
_____
_____
_____
_____

Un paso más
Profesiones de las ciencias y la ingeniería • Biólogo circadiano

Aprende más en línea.
- Sarah Ballard
- El sol de medianoche

Aprende en línea

Los biólogos circadianos estudian cómo afectan a los seres vivos las estaciones y la luz del día.

Puedes sentir más cansancio en otoño e invierno. Los biólogos circadianos descubrieron por qué. En otoño e invierno hay menos horas de luz. Eso te hace sentir más sueño.

La disminución de la luz también afecta a los animales. Sienten que llegó el momento de prepararse para el invierno.

Lección 2 • ¿Cuáles son los patrones de la luz?

Piensa en las personas y en los animales de tu casa o tu comunidad. ¿Cómo los afectan las estaciones? ¿En qué cambian?

✏️ Haz un dibujo para mostrar lo que pasa. Después, escribe sobre eso.

_____
_____
_____

Revisión de la lección

Nombre _____

¿Puedes explicarlo?

Quieres plantar flores en las estaciones que tienen más luz. ¿Qué estaciones elegirías? Asegúrate de
- explicar por qué conocer los patrones de la luz te ayudó a decidir qué estaciones elegir.

_____
_____
_____

Autorrevisión

1. ¿Cuál es el orden de las estaciones?
   Numera las imágenes en el orden correcto. La primera imagen ya tiene el número correcto.

primavera

invierno

otoño

verano

1 _____ _____ _____

2. Esta familia está cenando a la misma hora en invierno y en verano. ¿Qué enunciado acerca de cuándo parece esconderse el sol es verdadero?

invierno

verano

Ⓐ El sol parece esconderse más temprano en verano.
Ⓑ El sol parece esconderse más temprano en invierno.
Ⓒ El sol parece esconderse a la misma hora en invierno y en verano.

3. ¿Cuán a menudo se repite el patrón de las estaciones?

   Ⓐ todos los años

   Ⓑ todas las semanas

   Ⓒ todos los meses

4. Si el sol parece esconderse a las 7 en punto el primer día de primavera, ¿cuándo parecerá esconderse el primer día de verano?

   Ⓐ antes de las 7 en punto

   Ⓑ después de las 7 en punto

   Ⓒ a la misma hora

5. ¿Cuál de las opciones es un patrón de la luz del día?

   Ⓐ La cantidad de luz cambia de un día a otro según las estaciones.

   Ⓑ La cantidad de luz cambia de un año a otro.

   Ⓒ La cantidad de luz no cambia nunca.

Ejercicio de rendimiento de la unidad
Explora los días cortos y largos

Materiales
- dos plántulas del mismo tipo
- agua
- clips

PASOS

Paso 1

Rotula una plántula **invierno** y la otra **primavera**. Mide la altura de cada plántula con clips. Anota tus observaciones.

Paso 2

Coloca las plántulas en la ventana donde les dé el sol. Una hora después, coloca la plántula rotulada **invierno** en un lugar oscuro. Deja la plántula rotulada **primavera** en la ventana donde le da el sol.

Paso 3

Coloca la plántula rotulada **invierno** en la ventana solamente una hora por día.

Paso 4

Observa las plántulas durante dos semanas. Riega la tierra cuando se seque. Mide y anota los resultados todos los días.

Paso 5

Usa las evidencias para explicar por qué en primavera una planta podría crecer más que en invierno. Compara los resultados que obtuviste con los de tus compañeros.

Comprueba

_____ Le di mucha luz a la plántula con el rótulo de **primavera**.

_____ Le di poca luz a la plántula con el rótulo de **invierno**.

_____ Observé las plántulas durante dos semanas y anoté mis observaciones todos los días.

_____ Expliqué por qué en primavera una planta podría crecer más que en invierno.

_____ Comparé mis resultados con los de mis compañeros.

Repaso de la unidad

Nombre _____

1. ¿Qué objetos tienen luz propia?
   Elige todas las respuestas correctas.
   Ⓐ la luna
   Ⓑ el sol
   Ⓒ una estrella

2. ¿Cuándo parece salir el sol?
   Ⓐ a la mañana
   Ⓑ al mediodía
   Ⓒ a la noche

3. Observa la sombra en la imagen.
   ¿Dónde parece estar el sol?
   Ⓐ bajo, en el cielo de la mañana
   Ⓑ alto, en el cielo del mediodía
   Ⓒ bajo, en el cielo de la tarde

4. ¿Qué patrón se repite todos los días?
   Ⓐ El sol parece desplazarse por el cielo.
   Ⓑ Las fases de la luna cambian.
   Ⓒ Las estaciones cambian.

5. ¿Qué fase de la luna se ve en la imagen?

   Ⓐ cuarto creciente
   Ⓑ luna llena
   Ⓒ luna nueva

6. Observa las imágenes. ¿Qué palabra describe a cada imagen? Completa con las palabras del recuadro.

   | otoño | primavera | verano | invierno |

   _____   _____   _____   _____

7. Alejandro quiere observar el patrón de las estaciones todos los años. ¿Qué estación observará siempre después del verano?

   Ⓐ primavera
   Ⓑ otoño
   Ⓒ invierno

Unidad 6 • Objetos y patrones en el cielo

8. ¿Qué enunciados acerca del otoño son verdaderos? Elige todas las respuestas correctas.
   Ⓐ Tiene menos horas de luz que el verano.
   Ⓑ Algunos animales van a lugares más cálidos.
   Ⓒ El otoño viene después del verano.

9. Maya quiere observar los patrones de luz. ¿Qué día del año tiene la mayor cantidad de horas de luz?
   Ⓐ el primer día de invierno
   Ⓑ el primer día de primavera
   Ⓒ el primer día de verano

10. ¿En qué se diferencia el invierno del verano?
    Ⓐ El invierno tiene menos horas de luz que el verano.
    Ⓑ El invierno tiene más horas de luz que el verano.
    Ⓒ El invierno tiene la misma cantidad de horas de luz que el verano.

Glosario interactivo

Con este glosario interactivo, aprenderás cómo se escribe y cómo se define un término de vocabulario. En el glosario encontrarás el significado de cada término. También encontrarás una imagen que servirá de ayuda para entender mejor qué significa el término.

En el recuadro donde aparece ✏️, escribe algunas palabras o haz un dibujo que te sirva para recordar el significado del término.

branquias
Partes del cuerpo que toman el oxígeno del agua. (pág. 165)

comunicar
Compartir información. (pág. 238)

Glosario interactivo

conducta

Manera en que actúa un animal. (pág. 192)

descendientes

Los hijos de una planta o un animal. (pág. 128)

estación

Época del año en la que el estado del tiempo tiene características determinadas. (pág. 282)

estrella
Objeto que está en el cielo y tiene luz propia. (pág. 264)

fases
Patrón de luz y sombra de la luna que ves cuando esta se mueve. (pág. 272)

imitar
Copiar. (pág. 115)

Glosario interactivo

ingeniera
Persona que usa las matemáticas y las ciencias para resolver problemas. (pág. 10)

luna
Gran esfera de roca que gira alrededor de la Tierra. (pág. 270)

luz
Energía que te permite ver. (pág. 52)

problema
Algo que se debe arreglar o mejorar. (pág. 10)

proceso de diseño
Plan con pasos que nos permite encontrar buenas soluciones. (pág. 24)

progenitor
Planta o animal que tiene hijos que se le parecen. (pág. 128)

Glosario interactivo

pulmones
Partes del cuerpo que captan el oxígeno del aire. (pág. 165)

reflejar
Rebotar desde una superficie. (pág. 72)

sol
La estrella más cercana a la Tierra. (pág. 264)

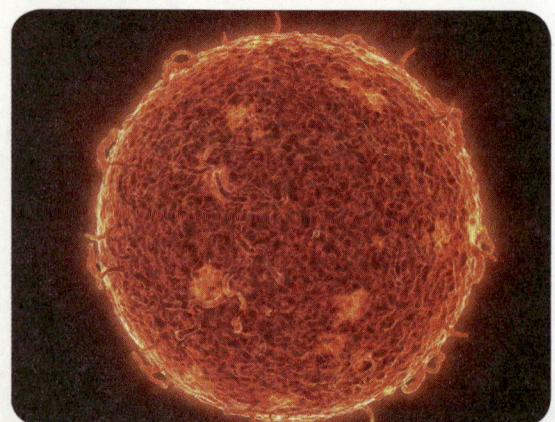

solución
Algo que resuelve un problema. (pág. 10)

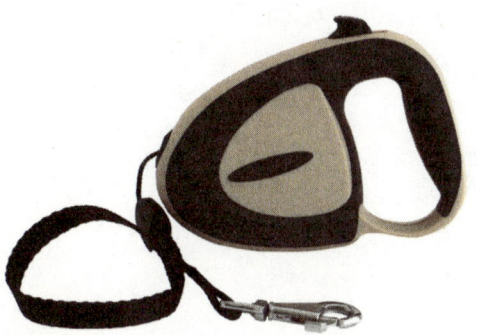

sombra
Lugar oscuro que se forma cuando un objeto bloquea el paso de la luz. (pág. 88)

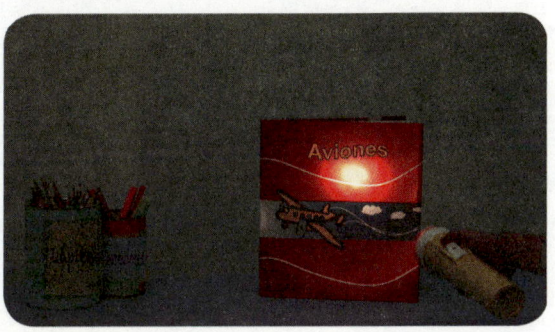

sonido
Tipo de energía que oyes cuando algo vibra. (pág. 220)

Glosario interactivo

tecnología
Lo que producen los ingenieros para satisfacer las necesidades y resolver problemas. (pág. 13)

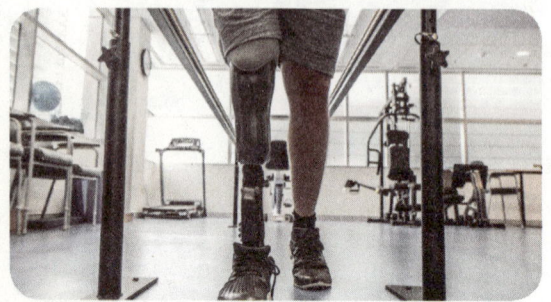

tono
Cuán agudo o grave es un sonido. (pág. 223)

vibrar
Moverse rápidamente hacia delante y hacia atrás. (pág. 220)

volumen

Cuán alto o bajo es un sonido.
(pág. 222)

Índice

A

a salvo, 192–193
Abbott, Isabella, 121–122
Actividad práctica, 15–16, 31–32, 55–56, 75–76, 85–86, 119–120, 135–136, 163–164, 177–178, 199–200, 227–228, 243–244, 267–268, 289–290
adulto, a
  animal, 172, 173, 174–175, 179, 180, 204, 210
  planta, 132
agua, 110
agudo (sonido), 223, 224, 225, 239
aire, 165, 168
alas, 158
aletas, 158
alimento, 195–197, 204
alto (sonido), 222, 224, 252
Aplica lo que sabes, 12, 14, 25, 26, 27, 28, 30, 54, 60, 71, 74, 87, 90, 111, 113, 116, 118, 129, 131, 133, 157, 159, 160, 161, 162, 166, 175, 179, 181, 184, 194, 196, 198, 221, 225, 226, 237, 240, 242, 264, 269, 271, 274, 282, 284, 287, 288
árbol, 108
ardilla, 158, 170
astronauta, 275–276
atardecer, 265–266, 278
Autorrevisión, 20–21, 36–37, 64–65, 80–81, 94–95, 124–125, 140–141, 170–171, 188–189, 204–205, 232–233, 248–249, 278–279, 294–295
ave, 205, 208, 241

B

bajo (sonido), 222, 252
Bath, Patricia Dra., 91–92
bigotes, 156–157
bioingeniero, 167–168.
  Ver también **ingeniero**
biólogo circadiano, 291
branquias, 165–166

C

cables, 62
cactus, 117
calor, 264
caluroso, 284
cámara de teléfono celular, 77
cámara para películas, 77
canguro, 158
caparazón, 160
cebra, 165
Chawla, Kalpana, 275
cielo, 262–265, 270
científico ambiental, 185
científico del suelo, 137–138
cisne, 173
codorniz californiana, 239
cola, 158
comunicar, 234–235, 238, 241, 245, 248, 249
conducta, 192, 195–196
conejo, 192
Conway, Lynn, 33
coyote, 238, 240
crecer, 128, 174
cría, 172–173, 176, 180–181, 187–190, 192, 195, 197–198, 203–205, 209–210, 239

D

delfín, 158
Desarrollo del lenguaje, 6–7, 48–49, 106–107, 152–153, 216–217, 260–261
descendientes, 128
día, 263–265, 273, 277
dientes, 161

E

Edison, Thomas, 61
Ejercicio de rendimiento de la unidad, 38–39, 96–97, 142–143, 206–207, 250–251, 296–297
electricidad, 61–62
elefante, 166, 241
erizo, 155, 169
escamas, 162, 180, 188
esconderse, 193
espacio, 275–276
estaciones, 273, 281–282, 287–288, 291–295
estrella, 264, 271, 273–274
etóloga, 245–246

I10

fases, 272, 279
foco, 61–62
fresco, 117
fruto, 110, 111

gallina, 180
garras, 158, 160–161, 170
gases, 271
gaviotas, 195
geco, 162
gran tiburón blanco, 156
grasa, 171
grave (sonido), 223, 224, 225, 239

Hannigan, Robyn, 185
Hernández-Rebollar, José, 229
hocico, 156–157
hoja, 110–113, 131, 132, 146, 285
hueso del oído, 185

imitar, 115
ingeniero, 8, 10–11, 13, 20–22, 162, 167, 229, 275
    de cámaras, 77–78
    de embalajes, 17
    ingeniería, 1, 162, 167
interruptores, 62
invierno, 273, 281–283, 285–286, 291, 293–294

jardines, 201–202
joven,
    árbol, 128–129. *Ver también* **árbol**
    planta, 127, 130, 139–141, 146. *Ver también* **planta**

koala, 172

laboratorios, 167
lámpara antigua, 62
Lee, escribe y preséntalo, 14, 34, 54, 62, 78, 92, 116, 122, 131, 138, 159, 166, 181, 186, 198, 225, 242, 246, 269, 284, 287
lengua, 161
lenguaje de señas estadounidense, 229
leopardo, 197, 205
lirio, 133
luna, 264, 270, 272, 279
luz, 50–52, 54–55, 57, 59, 64–90, 93–95, 98–100, 112–113, 124, 264, 270–272, 283, 285–286, 288, 291, 295
luz solar, 114, 146

mañana, 265–266
mapache, 180
mariposa, 158

medio ambiente, 17, 121, 201
mediodía, 265–266, 278
Mizejewski, David, 201

nadar, 159, 170
naturaleza, 114–115, 121
nieve, 286
noche, 262–263, 270–272, 273, 277, 278

objetos, 255, 262–264, 279
oído, 185
ojos, 156, 157
orangután, 198
orejas, 176
oscuridad, 51
oscuro, 51, 52, 57–60, 63, 65, 83. *Ver también* **oscuridad**
oso, 161, 197, 205
    hormiguero, 179
    panda, 174–175
otoño, 281–282, 285, 291, 293, 294
oxígeno, 165

Para comenzar, 8, 22, 50, 66, 82, 108, 126, 154, 172, 190, 218, 234, 262, 280
partes del cuerpo, 154, 158, 160, 161, 165–166, 176, 182, 188, 208

I11

Índice

patas, 193
patrón, 255, 262, 265, 272, 274, 278–281, 288, 295
pelaje, 175, 180, 182, 188, 209, 286
peligro, 158
perrito de la pradera, 156, 238, 247
perros, 182, 189
pez, 165, 166, 182, 185, 197
piel, 166
pingüino, 192
planta, 110–111, 114–117, 125–128, 130, 134, 144–145, 201–202
plumas, 180
Práctica matemática, 14, 30, 53, 74, 87, 113, 134, 161, 162, 184, 194, 225, 242, 272, 287
primavera, 281–284, 287, 293–295
problema, 10
proceso de diseño, 24
   definir el problema, 24, 25, 38
   planear y construir, 26, 38
   poner a prueba y mejorar, 27, 38
   modificar el diseño, 28, 39
   comunicar, 29, 39
progenitor, 128, 174, 176, 181, 188, 189, 193, 197, 209, 239, 254
   árboles progenitores, 128, 129, 131
   plantas progenitoras, 127, 130, 139–141

Proyecto de la unidad, 3–5, 45–47, 103–105, 149–151, 213–215, 257–259
púas, 155, 160
¿Puedes explicarlo?, 9, 19, 51, 63, 83, 93, 127, 139, 173, 187, 191, 203, 219, 231, 235, 247, 263, 277, 281, 293
¿Puedes resolverlo?, 23, 35, 67, 79, 109, 123, 155, 169
pulmones, 165

raíces, 110–111, 124
rana, 161, 191
rana de coro de California, 239
ratón, 156
recién nacido, 174
reflejar, 72–73, 80, 100, 270
renacuajo, 191
Repaso de la unidad, 40–42, 98–100, 144–146, 208–210, 252–254, 298–300
respirar, 165
Resuélvelo, 1, 43, 101, 147, 211, 255
Revisión de la lección, 19, 35, 63, 79, 93, 123, 139, 169, 187, 203, 231, 247, 277, 293
rinoceronte, 176

salmón real, 186
saltamontes, 237
semilla, 109–110, 125
sentidos, 156
sol, 264, 278, 288, 294
solución, 10
sombra, 88–89, 93, 95, 99, 272
sonido, 211, 213, 216, 218–223, 231–234, 236–239, 241, 248, 250, 252–254
suricatas, 195

tallo, 124
tarde, 268
tecnología, 1, 8, 20–21
telescopio, 271
tiburón, 162
Tierra, 264–265, 270
tono, 223
   agudo, 223, 224, 239, 253
   grave, 223–224, 239
topos, 157
tortuga marina, 170
trepar, 159
trompa, 176
tulipanes, 132, 141

I12

Un paso más
Personajes de las ciencias y la ingeniería, 33–34, 61–62, 91–92, 121–122, 185–186, 201–202, 229–230, 275–276
Profesiones de las ciencias y la ingeniería, 17–18, 77–78, 137–138, 167–168, 245–246, 291–292

verano, 273, 281–285, 287, 293–295
vibrar, 220, 232, 236–237, 252, 254
volar, 159
volumen, 222

zanahorias, 135